子育てに悩んでいる
お母さんのための
心のコーチング

山崎洋実

青春出版社

ひろっしゅ流の「ハッピースパイラル」で幸せなお母さんになってください！

私、山﨑洋実《やまさきひろみ》（通称「ひろっしゅコーチ」です）がコーチングをベースにしたママ向けの講座「ママのイキイキ応援プログラム」（通称「ママイキ」と言います）を始めて2011年で7年になります。

コーチングとは、人を育てるためのひとつの方法です。人が自ら気づき行動できるようになるためや、自分のもつ力を最大限に発揮できるようにサポートする手法のことです。

子育て方法についてのコーチングは数多くあります。でも私は、子育て中に悩むお母さんの多くの問題が「子育てそのものではない」ことに気づき、お母さんの心の土台、軸をしっかりさせること、そして何よりも、お母さん自身が、元気でハッピーになるための「お母さんの幸せ」をコンセプトに、コーチングを行ってきました。

「ママイキ」を受講してくださったお母さんたちからは、「目からウロコが落ちる」とか「元気になりました」とか「子育てが楽しくできそうです」という嬉しい喜びの声が次々と届いています。

年間150本の講座が開催され、お会いしたお母さんたちは、延べ3万5000人を超えています。その1人ひとりのお母さんが、さまざまな不安をもち、悩みを抱えていました。子育て中には、本当にたくさんの悩みの壁が目の前に現れます。でも、そのほとんどは今の自分を素直に認めること、そしてちょっとした自分のパターンに気づいていくことで解決していくと私は思っています。

この本は、私が日ごろ講座で、ちょっと辛口に、かつ本質を突いて「ママイキ」受講生に伝えていることを文字にしてみました。コーチング的な考え方はもちろん、私がこれまでに学んできたことをすべて集約して、

①他人を気にせず、自分にベクトルを向けてみること。
②自分の思うことや考え方のくせに気づき、ニュートラルに物事を見ること。
③ありのままの自分を認めること。

④謙虚に感謝すること。

こんなことをベースに書いています。

他人を気にせず、自分を見つめることができれば、自分の考え方に気づくことができます。物事をニュートラルに見ることができます。そうすると、今あるありのままの自分を認めることができ、感謝ができたり謙虚になれたりするのです。感謝して周りの人に謙虚になることで、自然と努力ができるようになります。努力をすれば、能力は向上し物事がうまくいくようになります。そして、新しい道が開けると、また新しい悩みができ、もう一度自分を見つめ直すのです。

ぜひみなさん、この「ハッピースパイラル」にのってください。

この本は、みなさんの悩みから、みなさんがどうやったら「ハッピースパイラル」にたどり着けるかの道筋を示したものです。ぜひ、ひろっしゅ流「ハッピースパイラル」にのって、ハッピー体質の、幸せなお母さんになってください。

ひとつだけ申し上げておきたいのが、これは私、ひろっしゅ流です。ですから、全部がみなさんにとって〝正しい〟ということではありません。もし、自分に合わない考え方ややり方があれば、どうぞそれは受け流してください。ただ、こんな切り口や考え方があるんだな、ということを頭の隅に置いていただけると嬉しいです。

これまでみなさんの中にはなかった新しい考え方を知ることで選択肢が増え、困ったときに、より〝あなた自身がハッピーになる〟ような行動の選択をしていただけたら、これほど嬉しいことはありません。

子育てに悩んでいるお母さんのための心のコーチング◎もくじ

第1章　子育てにストレスを感じている お母さんへのコーチング

第2章 子育てに自信がもてないお母さんへのコーチング

第3章 夫への不満を抱えているお母さんへのコーチング

子どもに甘い夫ばかりが、いつもいい人になる……。　121
甘やかすことが子どもを満たすことではありません。
叱られることからも、愛情は受け取ることができます。

夫の言動に悩んでしまうのは、　124
反応してしまう要素が自分の中にあるからです。
上手に受け流していきましょう。

夫とは〝ほうれんそう〟だけ……。　127
子どもが生まれれば関係性は変わってきます。
夫との会話を充実させたければ視野を広げることです。

夫婦の考え方が違っても問題ありません。　131
子どもはそこからいろいろな価値観を学びます。
「夫婦が違う＝夫婦でバランスを取っている」ととらえましょう。

夫の両親とうまくやる秘訣は、　134
どう付き合っていきたいのかを考えること。
そして、相手に甘えることも必要です。

第4章 ママ友達との付き合いに悩むお母さんへのコーチング

第5章 仕事をしながらの子育てに悩むお母さんへのコーチング

カバー・本文イラスト／おかべてつろう
編集協力／松浦真弓

第1章

子育てにストレスを感じている お母さんへのコーチング

忙しくてやりたいことができないのは、子どもや夫のせいではありません。時間がないのなら、やらないことをひとつ決めましょう。

育児や毎日の家事に追われて、「やりたいことが、ちっともできない」……。そんなふうに嘆くお母さん、本当にたくさんいます。

たしかに、子育て中のお母さんは大変です。でも、ちょっと考えてみてください。本当に時間がないのでしょうか。行動を起こせない自分への言い訳に、子育ての忙しさを利用していませんか？

たとえば、1日が30時間になりました。あなたには、余裕が生まれるでしょうか？　いいえ、そんなことはありません。結局何時間あっても、お母さんは忙しいのです。

考えてみましょう。3億円の宝くじが当たりました。あなたは今、その宝くじの当たり券を握りしめています。換金期限は、今日の夕方5時まで。でも、今日は子どもの健診や、ママ友達との約束が入っていて、やらなければいけないことがたくさんあります。さあ、あなたならその3億円の宝くじ、どうしますか？

みなさんが、「なんとしてでも行く」と答えるでしょう。そう、みなさん行くんです。時間、ありますよね。「予定がたくさんある」「忙しい」とか言いますが、やろうと思えば時間を作ることができるのです。

やろうと思えばできるのに、なかなかできない。少しきつい言い方になってしまいますが、それは、できない理由を子どもや夫のせいにして、忙しいことを正当化しているからなのです。

お母さんを対象にしたある公共の無料講座での出来事です。その講座は10時開始だったのですが、10時になってもほとんどの方が集まっていませんでした。もちろん、講座は時間通りに始まりません。主催者の方にお話を聞いてみたところ、この日に限ったことではなく、お母さんを対象にした多くの講座では、大半の方があわただしく直前にやってくるとのことでした。

ところが、「ママイキ」では、５分前に着席し、時間通りに始まります。主催者のみなさんも私にできるだけしゃべらせてあげたいと思ってくださるので、事前連絡で5分前着席をお願いしてくれるのです。

そうすると、みなさんできる。「ママイキ」に出席しているお母さんたちが暇かというと、そんなことはありません。みなさん忙しいお母さんです。それでも、講座に遅れないようにと、忙しい朝の時間からやるべきことの優先順位をつけて、5分の時間を作り出すのです。

前者のお母さんと、「ママイキ」に出席するお母さん。どちらも忙しいお母さんですが、違うのはお母さんのちょっとした「意識」です。忙しいのは、子どもや夫のせいではありません。あなたの意識が少し変わるだけで、出てくる時間はきっとあるのです。

そんなことを言っても、実際に時間がないんです、というお母さんもいるでしょう。そんな方は、次の方法を試してみてください。

やるべきことを決めるのではなく、〝やらないことを決める〟のです。私たちは、時間があれば時間があるほど、あれをやろう、これをやろうと、どうしてもひとつずつやることを増やしがちです。そんなによくばらないで、「今日はこれをやらない」ということをひとつ決めてみてください。

今日は掃除をしない、パソコンを立ち上げない、洗濯はしない……。全部やろうと思うと、できなかったときの罪悪感は大きいですが、やらないと決めていれば、罪悪感はありません。掃除をしなかった分、自分の趣味に打ち込めた。パソコンを立ち上げなかった分、読みたかった本を読むことができた。夕食を手軽にすませた分、ずっと行きたかった美容院に行けた。罪悪感はむしろ、満足感に変わるでしょう。

さあ今日からは、「どんなに忙しくても、時間は作れる」と、意識を変えてください。決して、子どもや夫のせいにはしないこと。宝くじが当たれば、あなたは子どもを背負ってでも銀行へ行くのです。どんなに忙しいお母さんにも、時間は作ることができます。それに、最初から無理だと思ってしまっている人には、時間はやってきません。

まずは、「今日やらないこと」を決めることからスタートしてみましょう。

自分のことが後回しになるのは、常に子育てを優先で頑張っている証拠。1日くらい、自分がいちばんの日を作っても大丈夫です。

お母さんだから、常に子どものことを考え、子どもを優先にしないといけない。あなたはそんなふうに思っていませんか?

私たちは、朝子どもを起こし、ご飯を作り、幼稚園や学校に送り出します。洗濯や掃除をしているうちに子どもが帰ってきて、おやつを用意し、夕飯を作り、時には勉強を見てあげたり、お風呂に一緒に入ったりして、寝かしつけます。子どもが病気になれば、病院へ連れて行くのもお母さんだし、仕事をしている人なら、真っ先に仕事を休むのもお母さんです。

私たちお母さんは、子どもを優先にしようという意識をしなくても、お母さんになったその日から毎日、十分子どもを優先にやってきているのです。子どものことに一生懸命だから、常に自分のことが後回しになってしまう。それは、当たり前のことなのです。

私も仕事をしていますので、休日くらいはゆっくりできればと思います。でも、休みの日に限って子どもは早起きをし、「お母さん、お腹すいた」なんて言い出します(笑)。1人のときなら、朝と昼が一緒になっても、カップラーメン1個でも済んでいましたが、子どもがいれば、とりあえずご飯に納豆くらいは用意しないといけません。それが毎日続くのですから、我ながらよくやっているなと思います。

そんな一生懸命なお母さんだからこそ、1カ月に1日くらい、自分がいちばんの日を作っても大丈夫です。真面目なお母さんほど、子どもを差し置いて自分を優先にすることに罪悪感をもつかもしれませんが、あなたは十分毎日頑張っています。お母さん業を休む日を作り、ショッピングに出かけたり、美容院に行ってみたり、映画を見たりしてはどうでしょう。

それでも、結局、デパートに行ったら子どものものばかり見てしまうのがお母さんというものです。ちょっとくらい自分を優先にしたところで、罪の意識を感じるほど自分を優先にはできません。安心して、ときには自分がいちばんの日を作ってください。

常にお母さんという役割ばかりに一生懸命になってしまうと、自分自身を発散することができなくなり、どんどん苦しくなります。

子どもや夫にイライラしたり、八つ当たりをしたりするくらいなら、自分のためだけに時間を割くのも有効だと思いませんか？

ぜひ、自分がいちばんの日を作りましょう！

付き合う人が限られ、行動範囲が狭くなってしまったという人。まず「自分はどうしたいのか」を考えてみましょう。

「独身のときに比べて付き合う人が限られてしまった」「育児や家事が忙しくて行動範囲が狭くなってしまった」という悩みをもつ人がいます。お母さんにはよくありがちな悩みですが、それはお母さんが、ひとつの場所に埋没しやすいからです。

主婦は、毎日の流れがだいたい決まっていますよね。そのため、家とスーパーマーケット、公園。この3カ所を行ったり来たりして、この中だけで生きているお母さん、結構いるはずです。私はこの3つで結ばれた世界を〝ゴールデントライアングル〟と呼んでいますが、家事や育児はルーティンワークでもあるので、お母さんたちはこのゴールデントライアングルから出ることなく、毎日を過ごすことができるのです。そのため、「行動範囲は狭くなるし、付き合う人も限られてしまう」という悩みにつながってしまいます。

でも、よく考えてみてください。あなたはこのゴールデントライアングルから、外に出ることはできるのです。

ゴールデントライアングルの中にいることが、悪いということではありません。あなたにとってそのゴールデントライアングルが居心地がよく、自分自身のキャパシティーに合っていると満足できれば、なんの問題もありません。また、ゴールデントライアングルの中にいるのは、子どもが小さいときだけだと割り切ることができれば、今をやりすごすこともできるはずです。

私は、ママ友達はたくさんいますし、ゴールデントライアングルの中も心地よかったのですが、もっと広い世界で自分の人脈を広げたいと思いましたし、自分のエネルギーがあり余っていたので、自分の世界を外に広げることを決めました。

あなたは、「自分はどうしたいのか」を考えたことがありますか？ もし、今いる場所に不満を感じているなら、「自分はどうしたいの？」と、問いかけてみましょう。

「自分がどうしたいのかわからない」と言う人もいますね。そういう人は、自分が「好きなこと」「得意なこと」「譲れないこと」「こだわりたいこと」をあげてみてください。その中からなら、今の自分のできることや、やりたいと思えることが見えてくるのではないでしょうか？

たとえば、料理が好きで、パソコンが得意なら、自分の料理を紹介するブログを作るのもいいと思います。私の場合は、人と接することが好きで、大勢の人をまとめたり、人前で話したりすることが得意だったので、それができる場を考えて、子育てサークルを立ち上げることにしました。これが「ママイキ」の前身です。

何もしないで文句を言っているだけでは、やりたいことも決まらないし、何も変わっていくことはないでしょう。時間とエネルギーだけが無駄になっていくのはもったいないと思いませんか？

「今、自分はどうしたいのか」。考えてみること、そして、自分に無理のない範囲で動いてみることが大切なのです。

悩んで落ち込むのは、実は暇だから。悩んでいる時間があったら、ちょっとでも動きましょう。

悩みが多くて、毎日悩んでばかり。そういう人も、お母さんの中にはいるでしょう。ではここで、みなさんがなぜ悩むかお教えしましょう。はっきり言います。暇だからです。実は、私たちには、時間もエネルギーもまだ余っているのです！

悩むときは、心ではなく頭の中で悩みます。頭の中で言葉にして悩むので、そういうときは、たいてい動きが止まっているはずです。動いていれば、きちんとエネルギーが発散されるので悩むことは少なくなります。たとえば、エアロビクスをしながら「私はどうしたらいいんだろう」と悩みますか？　悩むときは何もせずに止まっているときなのです。

今日から、悩んだらこう思ってください。「私、今、暇なんだなあ」と。

私は、落ち込んだり悩んだりするのは、ある意味、贅沢な現代の病気の一種だと思うのです。

子どもがまだ1歳のとき、母が我が家に遊びに来たことがありました。子どもの手におもちゃを持たせ、私がパソコンで作業をしていると、母はその様子を見て「洋実、余裕があるね」とひと言言いました。

母は、私を布オムツで育てました。年子の妹もいましたので、母の子育ての記憶といえば、髪を振り乱して、毎日布おむつを洗っていた記憶ばかりだそうです。とにかくやることがたくさんで、悩んだりする暇はなかった……。

今は、紙オムツを使っている方がほとんどでしょうし、ご飯を炊くにも薪割りから始める人はいないでしょう。お風呂にいたっては、「あと5分で沸き上がります」などとアナウンスをしてくれ、いちいち水かさがどのくらいかなどと見に行く必要はなくなりました。大根ひとつにしても、大昔は畑に種を植えて、自分で作って、掘って採らないといけなかったものが、今は誰かが作ってくれて、掘ってくれて、洗ってくれて、半分にしてくれて、家まで届けてくれるサービスまであります。私たちは、育児や家事の短縮された時間とエネルギーを何に使っているかといえば、ママ友達とおしゃべりする時間、ランチに行く時間、そして悩む時間に使っているのです。

時間を何に使うか選択するのはあなたです。悩んでじっとしているのであれば、ちょっとでも動いたほうがいいと思いませんか？

でも、勘違いしないでください。動くというのは、ゴルフでいうホールインワンを狙うことではありませんし、大きなことや難しいことを始めることでもありません。ちょっとしたことや、小さなことでもいいのです。

たとえば、手帳を買ってみましょう。お母さんは、家にあるカレンダーに書き込んだり冷蔵庫にマグネットでメモを貼ったりしがちですが、自分の手帳に書き込むのも小さな変化です。

ほかにも、いつもはママ友達から誘われるのを待つばかりだったけど思いきって誘ってみる、いつもしないところの掃除をしてみることも、今までしていなかったことは、すべて新しい一歩です。あなたにもできる新しい一歩は、いくらでもあります。それを、やることができれば、きっと悩む時間は減るはずです。

妻や母は役割であって、イコール「私」ではありません。母としてや妻としてのつながりだけでなく、「私」としてのつながりをもってください。

お母さんになると、共通点のある友達が増えます。同じ地域に住んでいる人、同じ年齢の子どもがいる人、同じ幼稚園に通っている人、子どもが同じお稽古に行っているという、共通点でつながっていくのがママ友達です。ママ友達はこうやって増えていきますが、お母さんになると、この共通点のつながりだけになりがちです。これを〝グループ〟と呼びます。あなたは、このグループの中で何と呼ばれていますか？

おそらく、「○○君・○○ちゃんママ」と呼ばれている人がほとんどでしょう。独身のときは、自分の名字や名前で呼ばれていたのに、結婚して子どもが生まれると、「○○さんの奥さん」とか、「○○君・○○ちゃんママ」と言われることがどうしても多くなります。子どもが幼稚園や保育園に通い出せば、話す話題までもが子ども中心になり、「私という存在は？」と思う人や「自分がなくなっているようで不安」と感じる人もいるでしょう。でもそれは当然。ゆえに、「○○君ママ」と呼ばれるグループでは、あなたが○○君のお母さんであるが○○君ママとしてしか存在していないからです。

あなたは、普段ママ友達と自分の趣味の話をしますか？　将来の夢について語り合いますか？　今日はあのスーパーでオムツがセールとか、近くのホールで無料のイベントがあるとか、子どもが中心の話ばかりですよね。私たちは、グループに属していると、母親という役割をしているため、自分自身をなかなかさらけ出すことができません。自分をさらけ出せなかったり、自分の本心を話すことができなかったりすれば、あなた自身の人となりを理解してもらうのは難しいでしょう。グループの中で自分の気の合う人を見つけるのは、結構大変なことです。

でも、ママ友達はあなたの友達ではなく、子どもを通して知り合った「子どもの友達のママ」。別に、仲良くならなくてもいいのです。

気の合う人や仲がいい人を作りやすいのは、共感することが同じ仲間です。

できたら、共通点でつながるグループだけでなく、共感点のつながりをもってください。共感点のつながりとは、習い事が一緒だったり、好きな作家や芸能人が一緒だったりと、趣味が同じ人。コンサートや演劇などを見たとき、同じことで嬉しかったり感動したりできる人。「ママイキ」に参加した人どうしも「妻でもない母でもない、私を大切にしたい」という共感することが一緒のつながりです。私はこれを〝ネットワーク〟と言います。〝グループ〟に比べると〝ネットワーク〟のほうが、自分の興味のある有益な情報が得られたり、自分の可能性を広げてくれたりする素晴らしい人との出会いのスピードが断然速くなります。ですからどうぞ、気持ちの上でつながるネットワークをもってください。

遠くへ出かけず、身近なところでネットワークのつながりをもちたい人は、幼稚園や保育園でちょっと気が合いそうだなという人がいれば、家に遊びに来てもらったり、食事に誘ったりしてみましょう。メールアドレスを交換したり、名刺を作ったりして渡すのもおすすめです。名刺には、自分の情報をたくさん載せてください。生まれた年や出身地はもちろんですが、興味のあることを書いておくと、それが共感点となり、つながるきっかけになります。

もちろんグループだけで満足できる人もいますし、そこから新しい何かが始まることもあります。ただ、自分と気が合うからではなく、お母さんの役割としてそこにいるだけなので、ちょっとしたずれや気の合わない人が出てくると、息苦しくなってしまいます。抜けたいと思っても、自分の居場所がそこしかなければ、抜け出す勇気も湧かないかもしれません。

そのときネットワークがあれば、その場はお母さんとしての役割をまっとうすればいいと割り切ることができますし、抜け出すこともできます。妻や母は役割であって、イコール「私」ではありません。

お母さんは、グループという世界だけになりがちです。どちらかに偏ることなく、〝グループ〟と〝ネットワーク〟の両方をもちましょう。

誰にでもいいから、やりたいことを口に出して言ってみましょう。口に出すのはタダ。情報を飛ばせば、夢の叶う速度が速くなります。

子どもの世話をして、夫の世話をして終わる私の人生は何だろう。毎日同じことを繰り返す中で、一度はふと考えたことがあるかもしれません。そういう人は、ぜひ、自分のやりたいこと、「夢」を口に出して言ってみてください。

どんなことでもかまいません。「資格を取りたい」「自宅でカフェやサロンを開いてみたい」「新しい仕事を始めたい」など、あなたの「夢」を口に出すことが大事なのです。

私たちは、自分のことを話す機会はなかなかありません。ママ友達にこんなことを話してもしょうがないとか、こんなことを思っているのは私だけだろうとか、私の身近なことは遠くで暮らしている友達に話してもわからないことだからなど、さまざまな理由をつけて話すことをやめてしまいます。躊躇《ちゅうちょ》せずに、どんな人でも、どんな場所でもいいので、口に出して、またはブログ等で自ら発信していきましょう。口に出して言ったほうが、夢の実現の速度はグンと速くなります。

私は、「ママイキ」を始めたころから、いつか本を出したいと思っていました。講座で本を出したいと言うのはタダだからと思って、「本を出したい」ということを常に講座で言うようにしていました。もっとたくさんの人に「ママイキ」を知ってもらいたかったし、口コミだけで広がっていた講座でしたので、「ちょっと怪しまれているから、本を出したらそういうのが減ると思うんです」という話をしていました。すると、出版社の方が受講生にいらして、「コーチ、本を出しませんか」と言ってくださったんです。そうやって、4年前、1冊目の本を出版することができました。

2冊目も同じです。2冊目の本を出したいと思っていたのですがなかなか出せず、2冊目の本の出版を考えていることを口に出したところ、ご縁をいただきました。口に出すことの大切さ、アピールが大事と思っていたら、こうして3冊目の出版にもこぎつけることができました。

1人の力には限界があります。情報も人脈も……。でも、自分の夢を誰かに話したら、その夢につながる情報をもらえるかもしれません。夢の実現に近づく人を紹介してもらえるかもしれません。1人でずっと思っているより、いろいろな人に自分の夢を知ってもらうことで、夢の実現の可能性はグンと広がります。

今日、ぜひ誰かに夢を話してみてください。口に出すのはタダです。夫でも友達でもいいですし、ブログをやっている人がいれば、そこに書き込んでもかまいません。自分の情報を、外に飛ばしてください。言葉にすることで、実は、自分自身も行動しやすくなるのです。

さらに、伝える相手が、33ページでお話しした共感点の〝ネットワーク〟だと、さらに夢の実現は速まるはずです。

怒りの感情はあっても大丈夫。大事なのは、その裏側にある本当の〝気持ち〟に気づくこと。怒りに振り回されないで上手に付き合いましょう。

いつもイライラしてしまう。子どもに八つ当たりしてしまう。ガミガミ怒ってしまって、そんな自分に落ち込んでしまうという人、結構多いんです。でも、そんな人は大丈夫。イライラするのも、八つ当たりするのも、家族にだからできるのです。友達や職場の同僚に、そんなことしませんよね。怒ってしまって落ち込むという人も、怒ることが悪いことだとわかっているからです。何も怒らない人なんて、ちょっと気持ちが悪いですよね。

　みなさんは、子どもがギャーギャー言ったから怒った、夕食をせっかく作ったのに、夫がいらないと電話をしてきたから怒ったと、誰かがあなたの怒りの感情を生み出したと思っているかもしれません。しかし、怒るという感情は、実は自分自身で作り出している感情なのです。

たとえば、洗いたてのカーペットに子どもがジュースをこぼしました。あなたはどうしますか？　間髪入れず「なんでこぼすの！」と怒るでしょう。でも、それが友達の子どもだったらどうでしょう？　「けがはなかった？　洋服はぬれなかった？」と心配するのではないですか？　ジュースをこぼしたという事実は変わらないのに、相手によって怒るか怒らないかを決めているのは、まぎれもなくあなたです。

子どもに怒るなと言っているのではありません。怒りをただ悪いものにするのではなく、上手に付き合ってほしいのです。怒りの感情の裏には、「期待」や「哀しみ」があります。洗ったばかりのカーペットに、ジュースをこぼすはずがないという大きな期待をしていて、それが裏切られたことに対して、私たちは怒りの感情をもつのです。そして、相手が身近であればあるほど、その期待は大きくなります。

私たちの怒りの感情が10あるとすれば、４つか５つはこの過度な期待からくる無駄な怒りです。怒りの感情が現れたら、裏側にある期待する気持ちに目を向けてみてください。「あー、せっかく洗ったのにすぐ汚されたから悲しかったんだ、私」と。少しは気持ちが落ち着くはずです。裏側の気持ちに気づくことができないと、私たちは表面的な怒りの感情を、誰かに思い切りぶつけてしまいます。自分が勝手に期待をしていただけなのに、その期待を裏切られると、一方的に相手に感情を投げつけてしまうのです。これが〝怒りに振り回されている〟という状態です。感情はぶつけるものではありません。〝感情は伝えるもの〟なのです。怒りの裏側にある期待や哀しみ、心配があなたの本当の気持ちです。あとからでもいいので、その気持ちを伝えてみてください。

イライラで発信した言葉は、実は自分自身に言っていることと同じです。言ったあと、結局自分も落ち込んでしまうのはそのせいなんですね。「せっかく洗ったラグマットがすぐに汚れて、悲しくてさっきは怒っちゃったの」。こんなふうに感情を伝えることができると、子どもはもちろんですが何より自分自身の心が軽くなるのを感じるでしょう。

最初からできなくてＯＫ。ガミガミ言ってしまったあと、子どもとお風呂に入りながらでも、寝かしつけるときでもかまいません。まずは気持ちを〝伝えてみる〟ところから始めてみてください。

お母さんだって生身の人間です。自分の感情を丁寧に扱っていますか?“感情の成仏”をしましょう。

子どものグズグズやギャーギャーについ反応してしまう……。そういうことは誰にでも経験があると思います。悩みをかかえたお母さんをたくさん見ながら、私がこの7年活動をしてきて思うことは「お母さん自身が自分の感情に蓋《ふた》をして丁寧に扱ってない」ということでした。

私たちお母さんは、子どもを身ごもり、子どもを産んで、命という大切なものを育てていくことに直面します。しかし、私たちも生身の生きた人間。お母さんだからといって、子どもが生まれたその日から、突然完璧な人になれるわけではありません。それなのに、突然目の前に生きた人間が現れて、24時間ありのままでぶつかってくる。そう、赤ちゃんはまだ人間に慣れていないので、状況を見て我慢したり気を遣ったりすることができません。お母さんが眠たいから今は起こさないでおこう、とかしませんよね。お母さんの状態がいいときも悪いときも、子どもは100％で向かってきます。

そんなときに見る子育ての本には、子どもに対してどういう言動がふさわしいか、と書いてあるものが多くあります。もちろん、それも大いに参考にしてください。でもその前に、それを実践するだけのお母さん自身の準備は万全でしょうか？

25ページにも書いたように、お母さんはいつも狭い世界で生きていてそこに埋没しがちです。毎日がルーティンワークで感動が少ない。感動があっても、感じられなくなっています。自分の感情をないがしろにして子どもが優先になっていきますが、私たちだって生きた人間です。私たち自身にも感情があるのです。

嬉しいこと、感じていますか？　最近感動しましたか？　そして怒りの感情などネガティブな感情も大事にしていますか？

大人になると、自分の感情を出す機会がなかなかありません。感情は湧いてくるものなのに、こんなこと言ったらみっともないとか、もう大人なんだから我慢しないといけないなど、私たちはいろいろな場面で湧き出る感情に蓋をしています。

「ママイキ」でも目に涙をいっぱいためて、泣くまいとしているお母さんが何人もいるのです。人前で泣くのはみっともない、誰かに見られたら恥ずかしいことだと思っているので、おいおいと泣くことができないんですね。

でも子どもはありのままに生きています。眠たければぐずるし、思い通りにならなければじたばたします。私たちもあんなふうに自分の感情を出して発散させてスッキリできたら幸せですよね。しかし、日常生活で感情のままに怒ったりじたばたしたり、泣いたりするわけにいかないので、私たちは感情に蓋をしています。そうして、生きていくために折り合いをつけているのです。

自分は感情を出すまいとしているのに、目の前で感情をストレートに出している子どもを見ると、実は羨ましくて仕方がないのです。でも、そうできないからこそイライラ反応してしまう。怒りの裏側には〝期待や哀しみがある〟と39ページで書きましたが、そんなふうに感情を出せない哀しみがイライラにつながっていくのです。

でも、子どものように出すことはできない……。だから、怒りの感情が湧き上がったときは、しっかりその感情を味わってみてください。怒りはぶつけるものではありません。おすすめは布団の中です。潜り込んで「ムカつく～！」と思い切り、怒りの感情を感じてみてください。その感情を感じきると、不思議と怒りが消えていくことがわかると思います。これは、実践してみて初めてわかります。とにかくやってみてくださいね。

そして、その裏にある自分の本当の気持ち（期待や哀しみ、そして不安）を探ってみてください。「あの人って本当に意地悪でムカつくって思ったけど、私は誘ってもらえなかったのが寂しかったんだ……」。こんなふうに気づくと思います。

夫や子どもには感情をぶつけて怒りを発散することもできますが、他人にはなかなかできません。その分いつまでもネチネチそのイヤな感情に支配されてしまうので、早目に消化することが大事です。自分の本当の気持ちに気づき、消化すること。これを私は〝感情の成仏《じょうぶつ》〟と呼んでいます。

何度も言います。怒りの感情は湧き上がるもの。あっても大丈夫です。怒りの感情こそ丁寧に扱ってみてください。

成仏できない感情が心の中いっぱいに膨れ上がった状態では、お母さんの気持ちに余裕などありません。自分の気持ちが見えて丁寧に扱えるようになると、心にいつもスペースができるようになります。そのスペースこそ、心のゆとりです。心にゆとりをもてば、イライラに振り回されてる夫や子どもの感情がよく見えてくるし、その感情を丁寧に扱ってあげられるので、無駄な言い争いが減りますよ。

まずは自分の感情の成仏。このメンテナンスを忘れないでくださいね。

育児や家事が完璧にできないのは、女性の脳の仕組みであり、子どもが優先だからです。できない自分を許せる柔軟性を身につけましょう。

真面目で一生懸命なお母さんほど、家事が完璧にできないと悩んでいる人が多いようです。でも、これはあなたが悪いのではありません。私たち女性の脳の仕組みなのです。神様が決めたことなので、安心してください(笑)。

試しにご主人に、「テレビを見ながら洗濯物を畳んで」とお願いしてみてください。「ママイキ」でこう話すと、「そんなの無理、無理」とほとんどの方が笑って否定します。何を隠そう我が家の夫もこれができないのですが、男性はひとつのことに集中する脳の仕組みになっているらしく、テレビを見ているときはテレビに集中し、洗濯物を畳むときはテレビなんか見ていられない傾向にあるようです。逆に、女性はさまざまなことが並行してできるように脳ができているとか。

考えてみれば、私たちは料理を作りながら、子どもの勉強を見て、洗濯物を取り込んだあとは、お風呂を洗いに行き、キッチンに戻って火加減を見ながら、今度は電話に出るなんてことはしょっちゅうです。ひとつのことを完璧にやろうと思っていたら、何もできませんよね。料理を完璧にするために、台所から一歩も離れず鍋の中や火加減を見ていたら、子どものお迎えにも行けません。急に雨が降ってきても、洗濯物すら取り込めません。これは神様が決めた仕組みなのです。すべて中途半端なのも、あなたのせいではありません！

この仕組みに逆らおうとしても、全部自分で決めて、自分のペースで何でもできた1人のときとは違います。6時までに夕食を作ろうと決めても、子どもが公園からなかなか帰ろうとしなかったり、部屋を汚され片付けに追われたり、自分の思うようにはいかないことがたくさん出てきます。急に熱でも出したら、6時に夕食どころではありません。なにはともあれ、子どもが最優先であるということも、家事が完璧にできない原因のひとつです。お母さんだから、家事は完璧にできなくてもしょうがないのです。

だからこそ、子育て中は、完璧さを求めるよりも柔軟性を身につけるときではないでしょうか。6時までに夕飯を作れなかった自分を責めるより、時間が遅くなっても夕飯を家族で食べることができたからそれでいいと思えることが重要なのです。

できなかった自分を認めることは、どんどん自分をダメにしてしまうと思いがちですが、それは違います。できなかった自分を許せるようになれば、自分だけでなく周りの人のことも、さまざまな場面で「しょうがない」と広い心で受け止めることができるようになります。子育ては、この「しょうがない」がとっても大切なのです。

あなたはいつも100％を目指していませんか？　できた部分が、たとえ10％、20％だとしても、できたことがあったのには変わりありません。たとえ少しだとしても、できたその部分を認めてあげましょう。

自分に自信をつける方法はシンプル！「私は素晴らしい」「私は大丈夫」と自分自身に魔法の言葉をかけましょう。

自分に自信がない人、たくさんいますよね。では、あなたはどんな自分になったら満足しますか？　自分の理想に近づいたら満足して、自信がもてると思いますか？　私は違うと思います。そういう人は、もし自分の理想に合った完璧な人になったとしても満足できないし、どんな自分になっても物足りないと思うでしょう。

あなたが自分に自信がないのは、自分の才能や行動力が人に比べて劣っているからではありません。ただ単に、「自分自身を認められないだけだから」です。そう、自分を受け入れられていないだけなのです。

たとえば、家事も育児もそつなくこなす完璧な人がいたとしましょう。このお母さんは、誰から見てもとっても羨ましいと思われるお母さんです。こんな素敵な人は、きっと自信に充ち溢れているに違いない。そう思いますよね。でも、このお母さん自身は自分に自信がありません。料理は苦手だし、片付けのセンスもないと思っています。誰がどう見ても、人が羨むような人なのに、当の本人は、まったく自分に自信がありません。つまり、自信とは、その人がもっている素質がいいから、才能があるからもてるのではないのです。

もうひとつ例をあげましょう。あなたが今日家から出ると、知らないおじさんが近寄って来て、突然こう言いました。「あなたは素晴らしいものをもっています。私には見えます」。そう言われたら、あなたはどう思いますか？　気味が悪いですよね。ところが、次の日もスーパーマーケットで、同じことを別の人に言われました。次の日は、散歩中に言われました。そうして、毎日毎日いろいろな人に言われ続けて、ちょうど3カ月目の今日、誰かから「あなたは素晴らしいものをもっています。私には見えます」と言われたら、あなたはどう思いますか？　「もしかしたら、私には何かあるかも。私って素晴らしい何かがあるかもしれない」と思えるようになるはずです。

でも、あなたは3カ月前と何も変わっていないはずです。何か素晴らしいことができる力が身につきましたか？　相変わらず、夫にも子どもにも怒ってばかりいるし、料理が突然上手になったわけでもありません。人の本質などなかなか変わるものではないからです。

あなたが変わったのは、自分への見方です。人から言われるたびに、「こんなことができた私は、素晴らしいかもしれない」「私は気付かないけど、実はすごいかもしれない」など、いつの間にか自分を認められるようになっているのです。見方が変わるだけで、あなたは自信をもつことができました。私はこれを、〝ハッピーな勘違い〟と呼んでいます。人は、何度も何度も同じことを繰り返し言われたら、その気になるものです。自信というのは単なる自分の思い込みに過ぎません。だから、根拠はいらない。あなたが素晴らしい才能をもっているかどうかは、まったく関係ないのです。つまり、誰だって自分に自信をもつことができるのです。

では、どうやって自分に自信をもつのでしょう？　あなたは、「自己肯定感」という言葉を聞いたことがあるでしょうか。子育て中に、必ず一度は出合う言葉だと思います。自分を大事にできる気持ち、自分を肯定できる気持ちのことです。だから、とにかく自分を肯定してみましょう。毎日1回、自分を肯定的にとらえて受け取ってみてください。「私は今日も1日頑張りました、よくやったぞ、私！」「今日も1日お疲れさま、えらいぞ、私」「今日は台所の掃除、頑張った～！」。何でもいいのです。ほんの小さなことでかまいません。1日1回、自分を肯定的にとらえる訓練をしてみましょう。寝る前に行うのが効果的です。

大事なのは、毎日続けていくこと。1回や2回では変わりません。続けてみてこそ思い込みは変わっていくのです。とにかくどんな自分でも、些細なことにもOKを出していくことが大事なのです。たとえ、結果としてうまくいかなくても、頑張った自分を認めましょう。本当によくできたか、上手だったか、立派だったかはまったく関係がありません。

今日から新しい習慣。寝る前の魔法の言葉「私は頑張っている」「大丈夫」「素晴らし～！」をとなえましょう。

いくら育児書を読んでもあなたの子どもに合わせたことは書いてありません。子育てに悩んだら、本ではなく子どもをじっくり見てください。

子どもが泣きやまない、離乳食が進まない、親の言うことを聞かない、落ち着きがない。そんな悩みを抱えて、お母さんたちは育児書にすがりつきます。書いてある通りにやろうと、書いてあることに近づこうと、育児書ばかりを見るようになります。そして、少しでも育児書通りにならないと不安が押し寄せる。不安を解消するために育児書を見るのに、育児書はさらなる不安を作り出すことがあります。それはなぜでしょう。

育児書に書かれていることは、スタンダードや王道だからです。あなたの子どもに合わせたことが書かれているわけではありません。参考にするのはいいのですが、お母さんたちは良くも悪くも真面目なので、育児書通りにやらなければ気が済みません。泣いている我が子をよそに、育児書ばかりを見てしまうのです。

あなたが見ないといけないものはなんですか。なにより子どものはずです。子どもが優先なのですから、そういうときこそ子どもを見てあげてください。

私たちはロボットを相手にしているのではありません。朝6時に起こして3時間ごとにミルクをあげて、泣いたときは抱っこをしてあげる。それで育つのであれば、いくらでも育児書を読んだらいいのですが、私たちは命を育てているのです。育児書は取扱説明書ではありません。

赤ちゃんは、「ミルクがまだ足りない」とか「もうお腹がいっぱい」とは言えません。お母さんが、毎日、毎日子どもの様子を見て、この様子はまだ欲しいと言っている、こうなればもうお腹がいっぱいだということに〝感覚的に気づく〟のです。

確かに、お腹がいっぱいのときは舌で押し出すのが合図ですと育児書に書かれていて、なるほどと思うこともあります。しかし、そうでないこともたくさんあり、毎日一緒にいるお母さんにしかわからないことがあるはずです。最後に決めるのはお母さん。人としての感覚がとても大事なので、自分の直観力を信じましょう。大事なことは本には書いていないし、本ではわからないことばかりです。必要以上に、育児書や周りの意見、情報に振り回されないでください。この子はこのくらいかなと、お母さん自身が子どもと付き合いながら、自分で子育ての基準を決めていってほしいのです。そのためには、育児書を捨ててもかまわない。育児書があるから、その通りにならないことを不安に思い、自分の子育てが正しいのか悩んで苦しくなるのであれば、育児書を見ないのはひとつの手です。

私たち人間は、育児書というものがない時代から、絶え間なく命をつないできました。子育ては、本を見なくてもできることばかりです。だから、さまざまな情報の中から、いいと思ったものは取り入れればいいし、面倒くさいことや無理なことはやらなくてもいい。それらの情報が、すべてあなたにとって正しいわけではありません。子育ての基準を決めるのはお母さんです。

育児書通りに育てることが、いい子を作ることではありません。子育てに悩んだら、じっくり子どもを観察し、育児書を捨てるくらいの勇気をもってください。

「しつけ」は周りの目を基準にしないこと。お母さんが本当に大切なことを示して教えてあげましょう。

「家の子はちゃんと挨拶ができなくて」「電車の中で静かにしていられないんです」など、子どものしつけについて悩むお母さんの話をよく聞きます。でも、このお母さんたちが本当に気にしているのは、いくら言っても子どもが静かにしないことではありません。子どもをしっかりしつけていない自分が悪いのではないか、周りからダメなお母さんとレッテルを貼られるのではないか。それが怖くて、他人の目ばかりを気にしているのです。

人はみんな、自分の基準となる〝ものさし〟をもっています。その目盛りが大きい人もいれば、細かい人もいて、それぞれが自分のもっている〝ものさし〟で人や物事を判断します。電車の中で騒いでも「元気ね」と言ってくれる人もいれば、あからさまにイヤな顔をする人がいる。レストランで子どもが周りを汚しながら食べるのを見て、「自分で食べられていいね」という人がいれば「あんなに汚してはしたない」という人もいます。それが、良い悪いではなく、誰もが違う〝ものさし〟をもっているということです。

人の基準はなかなか変えることができません。ですから、どんなに努力しても、万人に受け入れられることはないと思ってください。お母さんが、ある人の目を気にして子どもにダメだと教えたことも、ほかの人から見ればたいしたことではないということです。

法律に触れたり、警察にお世話になるような、人間としてやってはいけないことを最低限教えてあげることが、大事な「しつけ」ではないでしょうか。大切なことは、お母さん自身が、あまり周りのことを気にしないことです。もちろん、挨拶は身をもって教えてあげてください。公共の場で静かにすることは、子どもが理解できなくてもきちんと話して聞かせましょう。しつけをするなら、周りの目を基準にするのではなく、お母さんが大切だと思ったことを教えて伝えてあげてください。

誰かに甘えていますか？
全部ひとりで抱えていませんか？
甘えてみるのも才能のうちです。

子育てにストレスを感じるお母さんには、子育てに一生懸命で、全部自分の力でやろうと頑張っている人が多いように思います。誰かに甘えることができず、助けを求めることもできない。全部自分でやるか、それともやらないか。10か0かになってしまうことがよくあるようです。

講座で怒りの感情の話をしたときです。41ページにもあるように、怒りの感情と上手に付き合おうという話をしたはずなのに、翌週の講座で「子どもにまた怒ってしまいました」と反省しながら報告してくれる人がいるんです。私は怒るなとはひと言も言っていません。イライラしたり、怒ったりするのは仕方がないことです。だから、その感情をうまく成仏できるようになってほしいとお話ししているつもりなのですが、真面目なお母さんほど、怒りをゼロにすることだと思ってしまうのです。10ある怒りの感情が、１つでも2つでもなくなったら万々歳です。なのに、みなさんはゼロを目指します。これでは、逆に疲れてしまうはずです。

毎日毎日、一生懸命頑張っているお母さん。ふと、子どもが煩《わずら》わしいと感じたり、子育てを放棄したくなる瞬間があるかもしれません。そんなときは、どうぞ、子育てから少し離れてみることを提案します。

30年くらい前の子育てと違うのは、社会環境です。私たちが子どものころは、近所付き合いや親戚付き合いが盛んで、子どもの世話をしてくれる人がたくさんいました。ちょっとの買い物くらいなら、隣の家の人が子どもを見てくれていましたし、何より親と同居している家族も多くいましたね。

しかし、今はマンションの隣の部屋で赤ちゃんが生まれてもわからない時代です。孤立の子育てであり「孤育て」とも言われますが、その分、充実してきたのが一時保育などの子どもを預かるサービスです。美容院でも、カットなどをしている間、子どもを預かってくれるところもあります。現代は、子育てをするお母さんを助けようという社会です。サポートしてくれるところがたくさんあるので、ぜひ、こういったサービスを活用して、自分の時間をうまく作り出してください。また、思いきってママ友達にも頼ってみてください。信頼できない人には頼まないでしょうから、こういうことは意外と頼まれたら嬉しいものです。

私たち人間は、いろいろな人に助けられ、ときには迷惑をかけて生きています。人に頼ったり、人を助けてあげたり……。人に助けてもらうことは悪いことではありません。人に甘えることも才能です。こんな、お互いさま、おかげさまの関係を築いていってほしいと思います。そのために、まずはあなたから甘えてみてください。1人で頑張りすぎないことです。

お母さんの気持ちが満たされていないのに、子どもの気持ちを満たすことができますか?　お母さんもたまには息抜きをし、満たされてください。

「ありがとうございます」＝「やります」ではありません。子育ての方法を否定されたり、押し付けられたりしたら、まず、笑顔でお礼を言いましょう。

私たちにとって、子育ては人生初の体験です。一生懸命やっても失敗することはありますし、間違えてしまうこともあります。自分でもよくわかっていることなのに、家族や周囲の人に言われてしまうと、余計つらくなったり、むきになったりして言い返してしまうこともあるでしょう。

たとえば、「おしゃぶりはやめたほうがいいんじゃない」「泣いていても少しくらい放っておきなさい」などと舅《しゅうと》や姑《しゅうとめ》に言われたことはありませんか？

今のお母さんたちならよくわかっていると思いますが、以前は「おしゃぶりがダメだ」と言われていましたが、今は「歯並びにはそれほど影響がないだろう」と言われていたり、「泣いていたらすぐに抱っこしてあげましょう」と言われたりしています。ひと昔前は、すぐに抱くと抱き癖がつくから、泣いても少し放っておくことも必要だと言われていましたが、こういうものは、いつの時代も必ず賛否両論あります。子どもを育てるという行為はずっと昔から変わっていないのですが、いいとされるやり方は、その時代によっていろいろな方法があるのです。

あなたの子育てについて何か言う人は、自分の体験をよかれと思って話しているだけなので、そういうときは「そうだったんですね。教えてくれてありがとうございます」と笑顔でお礼を言いましょう。

決してやってはいけないのは、言われたことにむきになって言い返してしまうことです。子育てに関して何か指摘されたり、注意されたりすると、私たちは相違点を一生懸命説明してわかってもらおうとしがちですが、その違いを理解してもらう必要はないと思います。

人によって基準の〝ものさし〟があるという話をしました（56ページ参照）。あなたにアドバイスする人は、自分の言っていることが正しい方法であり、最善の方法だと思って教えてくれています。別に悪気はないのです。でも、その人とは、〝ものさし〟の目盛りが違うので、それがあなたにとってもあなたの子どもにとっても最善の方法だとは限りません。逆に、あなたがいいと思うことも、相手にとってはいい方法ではないかもしれません。私たちは、つい〝自分がどれだけ正しいか〟を相手に伝えたくなりますが、それは無駄なことです。また、「いい方法ですね、ありがとうございます」とは言っても、その通りにしたりすることはありません。お礼は言っても、無理に実行したりする必要はないのです。「ありがとう」は、その場をうまくやりすごす魔法の言葉です。もちろん、いいと思ったことは参考にしてみてくださいね。

人によって、時代によって、子育ての大変さが違います。アドバイスをくれる方との年代が違えば、その時代はそれがスタンダードだったかもしれませんが、時代が変わり今はそうでないこともあるはずです。だから、子育てのことを誰になんと言われようが、笑顔で「ありがとうございます」と言って、その場をきりぬけましょう。

舅や姑にほかの孫やよその子どもと比べられて気になるのは、お母さんがいちばん気にしているからです。反応しているのは、ほかでもないあなたです。

舅や姑には、基本的には孫を育てる責任はありません。だから、言いたいことを言いたいように言います。舅や姑はそういう存在です。悪気は決してありません。

「まだオムツをしているの」とか、「○○さんの家の子はもうとれたそうよ」などという話をお母さんが舅や姑から聞いたときに苦しくなるのは、お母さんが子どものオムツがとれないことをいちばん気にしているからです。実は、お母さんが比較をしてしまっているのです。

お母さん自身が、家の子は家の子、よその子はよその子という線引きをしっかりしていれば、何を言われても、家の子とあの子は違うと思えるはずです。舅や姑に、自分の子どもをほかの子どもと比べられてイヤな気分がするということは、実は自分もそう思っていて、比べてしまっているからなのです。心の中に引っかかっていて、実は気にしていたことだった、というのがほとんどです。それを言葉にされてしまったから、反応してしまったんですね。

もちろん、言われる人によってイヤな気分の感じ方は違うかもしれませんが、自分がいちばん気にしているから敏感に反応してしまうのです。

人は、何も思っていないところには、何の反応も示しません。そういう言動が気になる人は、まず自分が気にしているから反応しているということを知ってください。反応しているのは、ほかでもないあなた自身だということを自覚しましょう。

私自身が自分のいちばんの味方。できているか否かではなく、頑張っている自分にOKを出しましょう。

お母さんになると、誰からも褒められなくなります。「今日は掃除を頑張ったんだ」と仕事から帰ってきた夫に話しても「えっ、どこが？　これで？」と言われるし、舅や姑からは「私たちは4人も子どもを育てたけど、2人ならラクよね」などと言われると、どんどん気持ちは落ち込みます。

「誰も認めてくれない」とみなさん言います。でも、事実はひとつ。お母さんは、十分やっています。子どもを身ごもり、大変な思いをして出産し、命を育てるという、ものすごく偉大な仕事をしているので、誰に何を言われる、言われないではなくて、あなたがいちばん自分を労《ねぎら》ってください。自分を受け入れて大事にしてあげてください。自分がいちばん、自分の味方なのです。

私は、帝王切開で子どもを出産しました。普通分娩の予定だったのですが、緊急の帝王切開になり、何の心構えもなく、不安でいっぱいの出産でした。私の命をかけて命を産んだと思うと、お腹の傷は、私の勲章です。私は、子どもを産んだだけで「すごい」「えらい」と思っています。周りが何と言おうと私はこう思っています。

男性には、妊娠、出産という命を生み出す大きな仕事はできません。女性は、結婚、出産など人生に変化があります。それを柔軟に受け入れ、折り合いをつけながら毎日頑張っています。それだけで本当にすごいことなのです。何をさておいても、絶対優先すべき子どもがいて、子どもが生まれた次の日から、子ども優先でずっとやってきているのです。料理ができなくても、片付けができなくても、あなたは本当に素晴らしい。

自分で自分をマイナス方向にもっていかないでくださいね。子育てに良いも悪いもありません。できるできないではないので、誰に評価されなくてもいいんです。だからどうぞ、小さなことでいいので自分にＯＫを出すことを意識してください。

第2章

子育てに自信がもてない お母さんへのコーチング

自分の理想を押し付けようとするからイライラします。変えられないものは変えない。子どもをコントロールするのはやめましょう。

子どもが思い通りにならない。いくら注意しても言うことを聞かない。お母さんたちはこう言いますが、あなたは親の思い通りになってきましたか？　あなたの親もきっと、今のあなたと同じように、思い通りにならないと悩んで、あなたを育ててきたでしょう。子どもは思い通りにならないものです。お母さんの思い通りになる子どもがいたら、それはかえって気持ちが悪いですよね。

お母さんは、自分の子どもの〝本質〟を見ないで、ただ自分にとって〝都合のいい子〟にしようと子どもを威圧的な態度で、言葉でコントロールをしていきます。自分にとって〝都合の悪い部分〟ばかりに敏感に反応して、自分のいいと思う方向にコントロールしながら子どもを変えよう変えようとしてしまいます。

でも、物事には「変えられるもの」と「変えられないもの」があります。コーチングには「過去と他人は変えられない。変わるのは未来と自分」という言葉があります。子どもは他人ですから、自分の力で変えていくことはできないのです。

そもそも子どもとは、思い通りにならない生き物です。ある意味、思い通りにならないことが予定通り。思い通りにしようとするから、思い通りにならないとイライラします。私たちは、過度な期待をしているのです。

みなさんは、子どもが自分のコントロールしたように育つことが子育てのゴールだと思っていませんか？　子育てのゴールは「子どもの自立」です。私が考える「自立」とは、「自分で考えて自分で決めて行動し、自分でその言動に責任をもつ」ということです。お母さんの理想の子どもにすることが、子育てではありません。お母さんの思ういい子に育てるのではなく、子どもの本質を見極め、自立のサポートをしてあげるのが子育てなのです。子どもに、毎日ガミガミ言っていること、10個あげてみてください。そのうちいくつが、本当に必要なガミガミでしょうか？

たとえば、子どもが落ち着きがなくてガミガミ言う。これは、誰のためのガミガミですか？　落ち着きがない子は、落ち着かせてあげないとダメでしょうか？　お母さんは落ち着きがないことを〝困る〟と思っていますが、実際当の本人はあまり困りません。私も子どものころ「落ち着きがない」とよく言われたのを今でも覚えています。でも、人生で落ち着きがなくて困ったことはありません（笑）。落ち着きがないからどうしようと悩んだこともありません。何とかなるものです。落ち着きがないのは、その子の本質です。子どもに対してのガミガミは、お母さんの理想とのギャップに対してのガミガミなのです。

残念ながら親といえども、その子がもつ〝本質〟は変えることはできません。でも、それを変えようとして私たちは無駄なエネルギーを注いでいるのです。変えられないことを変えようとして生まれる、無駄なガミガミやイライラがいくつもあることに気づいていますか？　そして、気づいたらひとつ手放してみませんか。

子どもの欠点ばかり見えるのは、マイナスのフィルターをかけているから。子どもを良い悪いで判断するのは危険です。

誰にでも欠点はあるものですが、ほかの子どもと比べて、自分の子どもばかりが劣って見えることがあります。自分の子どもが本当に欠点ばかりだと思っていますか？　そんなことはありません。それは、あなたがマイナスのフィルターをかけて子どもを見てしまっているからです。

いつもひっきりなしにおしゃべりしていて、余計なことまで言ってしまうような子どもがいたとします。家でも、電車でも、おかまいなし。お母さんは、いつでも、どこへ行っても子どものおしゃべりにハラハラするようになり、いつしか「いつもいらないことばかりを言う手を焼く子ども」という目でしか見られないようになってしまいます。

でも、友達の子どもで、同じようにおしゃべりで、ギャーギャーうるさい子どもがいたらどうでしょう。あなたは自分の子どもと同じように「いらないことばかり言って手を焼くお子さんね」と言いますか?

「たくさんお話ができていいわね」とか、「なんでも素直に言えていいじゃない」と褒めてあげるでしょう。おしゃべりという事実は変わらないのに、自分の子どもは悪い面ばかりを強調し、同じような行動をする他人の子どもは、良い面を見つけてプラスの表現をするのです。

自分の子どもは、「いつも余計なことを言ってしまう子」という考え方が定着しているので、それがマイナスのフィルターになり、悪い面でしか見られなくなっているのです。この子は、こういう子どもと決めつけてしまい、お母さん自身が、良いところをなかなか探すことができません。

さらに、お母さんたちは、子どものことだけでなく、自分のこともあまりプラスに見ることができないようです。

あるとき、ママ友達の家に遊びに行くことになったのですが、「家が汚れているからびっくりしないでね」と言われました。私は片付けが苦手なので、仲間かもしれない(笑)と少し期待をしながら行ったところ、とってもきれいだったんです。それは、遊びに行くという約束をしていたからちょっと片付けたというレベルではなく、普段から常に人を呼べるように掃除ができているという感じのお部屋でした。他人から見れば、ものすごくきれいで片付いているように見えるのに、自分のことだから、自分を落とし込んだマイナスの表現をしてしまうのですね。お母さんたちには、できればプラスの表現をしてもらいたいと思います。なぜなら、自分のことをマイナスに見てしまうお母さんは、子どものこともマイナスに見てしまうからです。

みなさんは、「良く言えば何々、悪く言えば何々」ということを耳にしたことはありませんか？　その通り、物事はすべてのことにおいて、プラスの面とマイナスの面があります。

たとえば、物静かでものわかりのいい子どもがいたとします。余計なことは言わないし、空気が読める子どもなので、お母さんが人前でハラハラすることもありません。周りの人はみんな「いい子ね」と言ってくれますが、逆を言えば、ものわかりがよすぎて、自分の言いたいことを言えない子どもなのです。お母さんが良い悪いだけで見ていると、本当に子どもの言いたいことに気づいてあげられなくなります。親として良い悪いを判断することより、子どもの本質を見て、その子のプラスもマイナスも両方見てあげることが大切です。

起こっている事実はひとつです。けちな主婦と言われて嬉しい人はいないと思いますが、家計を守るお金に堅実な主婦となれば、あなたの強みになります。すべての物事はプラスとマイナスがある。物事を両面から見られるように、まずは、自分の子どもを客観的に見ることから始めてください。自分の子どもの場合は、こうなってほしい、ああなってほしいという期待ばかりをするのですが、他人の子どもは違います。子どものうるささが気になったら、これが友達の子どもだったらどう思うだろうと、ちょっと視点を変えてみましょう。

また、自分の行動をプラスに見るためにも、自分がイヤだと思っていることや、変えたいと思っていることを書き出し、それが友達のことだったら何と言うかを考えてみましょう。自分の行動をプラスに見ることができれば、きっと、今まで気になっていた子どもの行動も、それほど気にならなくなるし、プラスの行動として受け取れるようになるはずです。

変えるのは子どもの本質ではありません。親の見方です。

褒めなくていいのです。「見ているよ」「気づいているよ」というメッセージをたくさん伝えてあげましょう！

「子どもを褒めて伸ばすというけど、上手に褒められない」「どうやって褒めたらいいのかわからない」。こういうお母さん、よくいます。マイナスのフィルターをかけて見てしまっているから、子どものいい所が見えなくなっているお話はしましたが（73ページ参照）、褒めるとは評価をするということなのです。私たちは、自分のものさしで評価をして、「上手」とか「すごいね」などと言います。

褒めるというのは、実はとても難しいのです。褒めれば褒めるほど、評価をしているということですが、その評価は人によってさまざまですから、絶対的なものではありません。誰かが褒めてくれたことも、誰かには当然のことかもしれません。それに、褒めることの弊害として「褒められないとやらなくなる」

ということも出てきます。子どもは、「お母さん、見て見て、えらい？」と同意を求めてきたりしませんか？

たとえば、自分が遊んだものを片付けるのはえらいことでしょうか？　当たり前のことです。そういうときは、褒めるのではなく「見ていたよ」「気づいているよ（いたよ）」というメッセージをたくさん伝えてほしいのです。これを「ママイキ」では〝認める〟と言っています。

子どもが大きくなるにつれて、褒めてあげられるところを見つけにくくなってきます。子どもにマイナスのフィルターをかけて見るので、余計に見えなくなってしまっているのですが、そういうときこそ、褒めるのではなく、子どもの言葉や行動に気づいて、お母さんの気持ちを伝えることを意識してみてください。

子どもに、「どんなふうに見えたのか」「どんなふうに聞こえたのか」「どんなふうに感じたのか」。これを伝えてほしいのです。これは感覚の違いなので、自分にとっていちばん言いやすい表現を使えば大丈夫です。

たとえば、お絵かきした絵を嬉しそうに見せてくれたら、「描くのが本当に楽しそうに見えたよ」。授業参観に行って頑張っていたら「後ろ姿を見ていて、学校で一生懸命頑張ってるんだなって感じたよ」。幼稚園の友達と喧嘩をして、友達への愚痴を言ってきたら、「そっか。でも、お母さんには、お友達と仲直りしたい！って言ってるように聞こえるよ」と、こんな感じです。

あえて「見える・聞こえる・感じた」という表現を使いましたが、もう少しくだけた感じにしてみると、「お片付け一生懸命やってくれたんだね。ありがとう」とこんな具合です。お母さんが、見えたことを表現するのです。普段私たちは、この表現を使い慣れていないので、最初は難しいと感じるかもしれませんが、誰も最初から上手にできません。何度も口から発して、自分のものにしていきましょう。

普段ついつい口にする「えらいね」「すごいじゃん」「さすが～」。これで褒めるのはとっても簡単です。実際、ママ友達と話しているときも、この言葉を頻繁に使っているのではないでしょうか。それは、この言葉が、何も考えないで相槌のように使える言葉だからです。でも、「見えた」「聞こえた」「感じた」というのは、相手が言っている言葉をよく聞く、相手のことをよく見る、相手の気持ちを汲み取る。これができていないと、できないのです。適当には言えません。子育ては子どものことをよく見てあげることが大事です。

よ～く子どもを見て聞いて感じて、褒める言葉をもう少し具体的に、かつ、お母さんがどんなふうに見えたのか、聞こえたのか、感じたのかを伝えてあげてください。子どもは褒められたいのではありません。お母さんが見ていてくれる「安心感」がほしいのです。

子どもの問題行動のほとんどは、発散やアピールです。良い悪いではなく、それが子どものアピールなら、受け止めてあげましょう。

子育てのゴールは自立です。子どもは大きくなるにつれて、親の知らない世界が増えていくのですが、そのたびに親は心配になります。

「幼稚園でお友達を蹴ったという報告を先生から受けました。家ではそんなことをしないのに、とてもショックで悩んでしまいました」というお母さん。もし、幼稚園の先生に「子どものしつけはどうなっているんですか？　子どもに愛情をちゃんと注いでいますか？」と言われているような気がするのであれば、それは間違いです。先生は、たいてい単に事実を報告しなければいけないと思って伝えているだけなので、お母さんの子育てをとがめているわけではありません。ですから、「私の育て方が悪いんだ」とか、「なんでこの子が」など必要以上に落ち込まないでください。落ち込んだりショックを受けたりして、「どうして蹴るの！」と子どもを頭ごなしに怒るのはよくありません。なぜ蹴ってしまったのか、子どもの気持ちをよく見てあげましょう。

9歳になる我が子は、割と親の言うことをよく聞いてくれる優等生のタイプです。ただ週末になると、いつもなら怒らないことでイライラしたり、理不尽なことを言ったりすることが時々あります。息子は、学校でちゃんと頑張っているから、週末は疲れが出るんでしょう。こういうときは、言わせたいだけ言わせたり、泣きたいだけ泣かせるようにしています。人間にはバランスがあります。学校で頑張っている分、週末は少し甘える。これが息子のバランスの取り方です。母親にだからこそ出せている感情なのですね。だから、いちいち反応しません。

自分のバランスを取るための発散は、無理やり止めればバランスが崩れます。泣いている子どもに「いつまで泣いてるの！　ぐずぐずしない！」と怒ると、さらに大声をあげて泣いたり、いつまでも泣きやまないこと、今までにありませんでしたか？　突き放された子どもは、甘えることも満たされることもできず、いつまでも泣き続けるのです。子どもが泣いていたら、親は一緒にギャーギャー言わずに、発散やアピールだと思って見守ってあげましょう。そうすることで、子どもは思う存分発散でき、アピールもわかってもらえたと、案外早く切り替えができるのです。

もちろん、蹴ったりたたいたりはいけないことです。ただ、子どものアピールかもしれないのに、お母さんは「蹴ったりたたいたりは、やってはいけないこと」としか見られなくなっています。もちろん、その行動はいけないこと、違う方法があることも教えてあげてください。「今日は疲れているからイライラしてつい蹴ったりしちゃったんだね」「早くおもちゃを貸してほしくて、待ちきれずに蹴っちゃったんだね」「でも、そういうときは、言葉で貸してって言えばいいんだよ」。

蹴ってはいけないけれど、子どものイライラした気持ちの表れなら、その気持ちを認めて丁寧に扱ってあげましょう。

子どもが今できないことは、いつかできることです。早くできなくても大丈夫。焦ることはありません。子どものいいタイミングを見つけてあげてください。

「まだお箸が使えない」「まだオムツがとれない」「まだ1人で着替えができない」「1人で寝られない」。お母さんたちはこんなことでも悩みます。でも、これらは、いつか自分でできることばかりです。1人で食べられるようになるし、トイレも行けるようになるし、洋服だって自分で着られて、1人で寝られるようになります。それが3歳か、5歳か、7歳かの違い。たった3歳でも1人で寝られる子がいる一方、小学校に上がっても1人で寝るのが難しい子もいます。でも、それが大学生になっても続くわけではありませんよね。いつか必ず終わりがきて、一緒にやらなくて済むときがきます。それはほんのちょっとの違い。そんなに早くなくても大丈夫だし、焦らなくても大丈夫なのです。

私たちは、やればすぐ結果の出る世界で育ってきました。受験のために勉強をすれば、試験で合否が出る。運動会のために練習をすれば運動会で順位が出る。昔の人は、畑に種を植えたら、全部芽が出るものばかりではないし、芽が出ても枯れてしまうものもあるし、台風で全滅してしまうこともあったと思います。それでもしょうがないと思い、努力が実を結ばないことがあることが普通でした。もちろん、いくら頑張っても難しいことはありますが、私たちは、努力をすればなにかしらの結果を得ることが昔に比べて増えているように感じます。

でも、子育ては違います。あなたの子どもにとって正しい答えが書いてある本や情報は多分ないし、答えを求めてもすぐ得られるものではありません。努力をすれば、何か返ってくる。答えをすぐほしくなってしまう。こういう基準で子育てをしてしまうから、きっとお母さんたちは苦しんでいるのではないでしょうか。

トイレトレーニングもその一例です。「トイレトレーニングは、幼稚園入学前の年の夏に始めるといい」という情報を得れば、それを始めなければ気が済まなくなります。でも、子どもの生まれた月によっても違うでしょうし、子どもには子どものタイミングがあるはずです。情報ばかりに惑わされていては、自分の子どもにとっての最善が見えなくなりますよね。

私がトイレトレーニングを始めようと思ったのは、子どもが保育園に行き出したころです。久しぶりにあったママ友達に、トイレトレーニングを始めたことを聞き、「そうだ、家もやろう」と思って、突然トレーニングパンツを買ってきてはかせました。私が私の都合で突然始めたのです。「夏だからパンツはこうね」などと言って急に始めてしまったので、いきなり子ども用の便座を買ってきて「ここに座るんだよ」と教えても子どもは当然ついてくることができず、私も面倒くさくなって、やめてしまいました。それから1カ月ぐらいたち、育児サークルの友達が、通信販売で子ども用のパンツを買うから、共同購入しようと言ってくれました。10枚セットらしく10枚だと多すぎるから、半分ずつにしようとのこと。いずれはいるものでしたから快くOKし、そのパンツを待っていました。1週間後、その友人が「洋実さん、どれがいい？」とパンツを10枚持ってきてくれました。私はせっかくなので息子に好きな物を選ばせることにしました。そうしたら、その日から息子はそのパンツをはきたがり、なんとトレーニングをせずにオムツをとることができました。１カ月前はいくら頑張ってもできなかったのに、今度はスムーズに進めることができました。これが、息子のタイミングだったのです。

2歳になったらトイレトレーニング、小学校に入ったら１人で寝かせる。参考にするのは、もちろんいいですし、私もそうしてきました。でも、子どもにとってのタイミングは親にしかわかりませんし、そこを見てあげないといけないことを、息子のトイレトレーニングでとても実感しました。

今できないのは、その子のタイミングではないからです。やめてもいいし、できないからと落ち込む必要はありません。もちろん、あなたが悪いわけでもありません。だから、焦る必要はまったくなし。子どもはタイミングが合えば、きちんとできていきます。なぜなら、あなたが今一生懸命子どものために取り組んでいることは、いつか子どもが１人でできるようになることばかりだからです。お母さんの仕事は、育児書通りに子どもを育てることではなく、子どもの最良のタイミングを見つけてあげることなんです。

「こうしなければいけない」と思うから苦しくなります。形ややり方にとらわれないでください。あなたや子どもに合っているものが、「あなたの子育て」です。

子育てに悩み苦しむお母さんは、形ややり方にこだわりすぎていると感じることが時々あります。出産の方法ひとつにしても、みなさんこだわりがあるようで、「ママイキ」の受講生の中にも、自然分娩にものすごくこだわっている人がいました。こだわりをもつことは悪いことではありませんが、それだけに執着してしまうのは危険です。自然分娩でなければ子どもを産む価値すらないと思ってしまい、出産後も悩み続けてしまうのです。そんなことは、本末転倒です。自然に生まれようが、お腹を切って生まれようが、大事なことは無事に産まれてくることなのです。

ある人は、子どもが生まれてから母乳が出ないことを悩んでいました。母乳をあげることがしっかり子育てすることだという信念があったため、母乳で育てられない自分はダメだと思ってしまったとのことです。でも、母乳が出ずに、自分もつらく赤ちゃんもつらいのであれば、思いきって粉ミルクにしようと気持ちを切り替えたところ、気持ちがとてもラクになったそうです。

結局、みなさん本やインターネットなどで正しいと言われていることや、いいとされていることに振り回されていて、これではいけないと、形ややり方に振り回されてしまっているのではないでしょうか？　やり方やスタイルにこだわって、つらくなったり苦しくなったりするのであれば、形にはあまりこだわらないほうがいいでしょう。

情報や本が良しとしていることがその通りにできなければ、あるいは自分の決めたやり方通りにしなければ、子育てがうまくいかないと思っていませんか？　うまく続かないことや、できないことはやめてもいいのです。自分と子どもに合ったことを見つけながら、子育ては楽しくやっていきましょう。

すべては経験と学び。親が何でも助けてしまってはいけません。ヘルプではなくサポートをしましょう。

問題の大小はあると思いますが、あの子と遊ばせたくないという子は、当然出てくることだと思います。あなたが小さいころもあったでしょうし、ママ友達の世界にもあることだと思います。

この問題は、私たち親が、子どもに近付けたくない子どもを遠ざけることで解決するでしょうか？　その場はそれで解決したとしても、またすぐに新しい苦手な子どもが現れます。子どもが苦手な友達と同じクラスになったり、同じ班になったりすると、クラス替えや班替えを要求するお母さん、いますよね。でも、いくらクラスや班を替えても結果は同じです。人間は、すべての人と気が合うわけがないし、すべての人を好きになれるはずがありません。学校にクラス替えを要求するお母さんは、子どもが社会人になって、会社の部署がどうしてもイヤだと言ったら、部長や社長に、「息子がイヤだと言っているので、部署を替えてください」と直談判しに行きますか? 行けませんよね。

子育ては、ヘルプからサポートへ徐々に移行していく過程です。ヘルプとは、助けることであり援助することです。あなたはそれをやる力や能力がないので、私が代わりにやってあげましょう、ということがヘルプ。サポートというのは、支えること、支持・支援することです。あなたにはその能力があり、あなたが自分で解決する、自分で行動する、自分で決めることができるのだけれど、困ったときには助けてあげる、というのがサポートです。

苦手な子を親が排除するのは、ヘルプに当たる行為です。私たちがすべきことは、気が合わない人がいてもおかしくないこと、悪口を言ったり、いじめたりしなければ、仲良くできない人がいても問題ないことを教えてあげるサポートです。

生まれたばかりの赤ちゃんは、何もできないのでヘルプが必要です。しかし、子どもは徐々に、自分で食べられるようになり、自分で歩けるようになり、自分でトイレに行けるようになります。幼稚園に行き、小学校に行き、子どもは親の知らない自分の世界を徐々に広げていきます。私たちはこれに合わせて、助けることではなく、支えることへとシフトチェンジしていかなければなりません。

私の息子が小学校1年生になったとき、私はとても緊張しました。クラスの友達と仲良くできるか、勉強にはついていけるのか、先生との関わりは大丈夫か、給食の準備や掃除の時間はどうだろうと、心配なことが山とあって、助けてあげたいことが本当にたくさんありました。でも、これは私の訓練の時期でもあったのです。成長するということは、親には見えない世界がどんどん増えていくことです。私たち親にはどうすることもできないことが増えていくのです。だからこそ、直接助けてあげることができなくなっても、どんなふうに解決していくかのヒントや知恵を教えてあげるサポートが本当に必要になってくるのです。

「つ」のつく年齢、1つ、2つ、3つ……9つ、9歳までは、お母さんと子どものつながりが深いと言われます。10歳までが、ヘルプからサポートに移行するひとつの区切りだと考えてください。

子どもが苦しんでいる姿を見るのは、とてもつらいことです。しかし、ヘルプばかりしていると、子どもはいつの間にか親を頼りにするようになり、自分で解決する力がなくなり、結果、子どもの自立を妨げることになります。ヘルプとサポートの区別をつけて、徐々に徐々に移行していくようにしましょう。

ヘルプとサポートを迷うときは、「私のこの言動は、果たしてこの子の自立につながるだろうか？　役立つだろうか？」と問いかけてみましょう。ヘルプとサポートの区別がしやすくなりますよ。

親との約束が守れないのは、親にとって都合のいい約束しかしないからです。本当に大切な約束以外は、しないことに決めましょう。

子どもとする約束には2種類あります。ひとつは、親が約束させた約束。もうひとつは、子どもが自らした約束です。

親がさせる約束は、無理やりさせている場合がほとんどです。親の都合のいい約束は、子どもはほとんど守りません。「なんで妹をいじめるの！　妹を蹴るなら、おもちゃは買ってあげません。蹴らないって約束しなさい！」と親が言えば、子どもはおもちゃを買ってほしいので、その場は蹴らないと約束をするでしょう。でも、ほしいおもちゃを買ってもらえば、また妹を蹴るようになります。子どもは、おもちゃがほしいから、おもちゃを買ってもらうまでは妹を蹴らなかっただけの話です。

お母さんは、妹を蹴るからおもちゃを買わないのではなく、妹が痛い思いをするから蹴ってはいけないということを教えて、約束させなければいけません。「蹴る」という表現以外の方法があることを、教えてあげないといけないのです。子どもを物で釣って、親にとって都合のいい約束を無理やりさせないでください。

約束は破ってはいけないのが基本です。破られると腹がたって、子どもを叱りたくなります。でも、親の都合でした約束は、子どもは破ります。これが大前提。だとすれば、破られるとわかっている約束はしないほうがいいと思いませんか？

だから、子どもとの約束は、本当に大事な約束だけにしてください。たとえば、門限を決めることです。5時までには必ず家に帰る。暗くなると危ないから、あなたに命の危険があるかもしれないから帰ってきてほしいことを、きちんと伝えましょう。

もうひとつ、子どもが自分で決めた約束は、いくらしても大丈夫です。自分で考え決めたことなら、とことん守らせてください。本当に大事な約束と、子どもが自分で決めた2つの約束であれば、子どもが破ってしまったときにはきちんと叱りましょう。

あなたは、自分にとって都合のいい約束ばかりをしていませんか？　そんな約束ばかりでは、子どもは簡単に約束を破るし、嘘もつくようになってしまいます。

子どもに約束を守らせたいなら、約束の質を見極めて、本当に大事なこと以外は、約束をするのはやめたほうがいいですね。そのほうが、約束を破られたときのイライラが減り、きっとあなたも気がラクになりますよ。

子どもを叱るときは、「怒るよ！」という威圧のひと言や、「人が見ている」という脅しではなく、なぜいけないかをきちんと教えましょう。

自分の悪いところを棚に上げて、子どものことばかり悪いと言っていませんか。子どもは、良くも悪くも親の背中をよく見ています。子どもの言葉遣いを気にする前に自分の言葉遣いを気にしてみてください。自分では気づかなくても、子どもの言っている言葉は、親が使っているものばかりです。お母さんが扇風機のスイッチを足で消すから子どもも足で消す、足でドアを閉めるから子どもも真似をするのです。まずは、自分が子どもの見本になるような行いをすることを心がけてみましょう。

もうひとつ大事なことは、子どもを叱るときに「怒るよ！」という威圧的なひと言で済ませないことです。子どもが悪い言葉遣いをしたときに、言葉遣いが悪いから怒るのではなく、言葉遣いが悪いのはどうしてダメなのか、理由をきちんと教えていかなければなりません。言葉も暴力と同じで相手を傷つけることがあるから、言葉を正しく使うことがとても大切なのです。お母さんが怒るから、子どもが言葉遣いを直さなければならないわけではないですよね。子どもが悪い言葉遣いをしたときに「怒るよ！」と言い、それがしつけだと思っているかもしれませんが、なぜ使ってはいけないかという大事なことは、何ひとつ教えてあげていません。

あなたは、バスや電車の中で騒いでいる子どもに、「運転手さんに怒られるよ」「隣のおじさんが怒るから静かにしなさい」と言ったことはありませんか。隣のおじさんは何も言っていないし、いたって普通の顔をしているのに「ほら、見てごらん。おじさん怒っているよ」と言って、子どもを黙らせることがあるのではないでしょうか？　でも、子どもが騒いではいけないのは、運転手さんやおじさんが怒るからですか？

これは、あなたの子どもが万引きしようとしているときに「ほら、お巡りさんが見ているからやめなさい」とお母さんが言うのと同じことです。違いますよね。「人の物を盗んではいけない」ですよね。バスや電車で騒いではいけないのは、運転手さんやおじさんが怒るからではないはずです。騒ぐと周りに迷惑がかかること、騒ぐ場所ではないことをきちんと教えるべきなのです。なのに、お母さんは、おじさんが怒るからと言って子どもを静かにさせようとします。

お母さんたちは、自分の都合のいいように子どもを動かしたいはずです。なぜしてはいけないのかということを一から延々と説明するよりも、ほかの人が言うからやってはいけないという恐怖や、「ダメ！」という威圧的な言葉だけで子どもの行動を抑えつけてしまったほうが、お母さんがラクなのです。

でも、子どもを威圧的に抑えつけるのは、絶対しないでほしいのです。

子育ては、いつか立場が入れ替わります。子どもが生まれたときには、精神的にも体力的にも親のほうが大きく強いので、子どもを力でねじ伏せることができます。小さいころは、威圧感で「ごめんなさい」と動いてしまいますが、子どもは大きくなり、私たちは老いていきます。「怒るよ！」という威圧のひと言や飴玉ひとつでは言うことを聞かなくなります。大学生がそれで静かになりますか？　物や力で脅し抑えつけている関係には、いつか終わりがきます。

今やっていることには、いつか限界がくるのです。そして、力でコントロールされ続けた子どもは、威圧的にすれば人は屈するということを学び、その後の人間関係を力でしかコントロールできなくなるのです。それは、家庭内暴力や非行につながることがあります。

頭ごなしに怒っているだけでは、子どもはいつまでたっても言うことを聞きません。人が怖いから、人がダメだと言うから、という理由で行動を抑えつけられた子どもは、やがて他人に対して威圧的な態度をとるようになるでしょう。子どもに、なぜそうしてほしいのか、なぜそうしなければいけないのかを、きちんと言葉で伝えるようにしましょう。

お母さんは子どもと一体化しやすい。それは本当にあなたの問題ですか？ 自分と子どもは区別しましょう。

小学校の懇談会で「ひと言ずつお子さんの最近の様子や成長などについてお話ししてください」と言われて話す機会があります。するとたいていのお母さんは「うちの子は忘れ物が多くて困ります」など、悩みや愚痴になりがちです。ちょっと考えてみてください。お母さんは子どもが忘れ物をして何か困りますか？ 大げさに言うと、お母さんの人生に何か影響があるでしょうか？ 忘れ物をして困るのは子どものはずです。忘れ物をしないような工夫を一緒に考えてあげるのがサポート（90ページでも少し触れました）で、これがお母さんの役割なのです。

忘れ物をして困るのはお母さんではなく子どもなのに、お母さんが一生懸命悩んでしまう。こうやって子どもの問題をお母さんが自分の問題としてとらえてしまうことを〝子どもと一体化している〟と言います。お母さんは、お父さんに比べて子どもと一体化しやすいのです。子育て中のお母さんは、すべてが子ども優先で自分を見失いがち。子どもがちゃんと育つことが自分の生きがいや自分のアイデンティティになってしまうのです。

子どもとお母さんが一体化するのはとても危険です。それは、子どもの自立を妨げてしまうからです。先ほどの忘れ物のことについて言えば、忘れ物は確かにしないほうがいいでしょう。でも、それ以上に大事なことは、忘れ物をしても「忘れました、ごめんなさい」や「貸して」と言えることだったり、借りたら「ありがとう」と言えることではないでしょうか。究極は、「私多分忘れちゃうから、私の分も持ってきてくれると助かるわ」なんてお願いができてしまう子。私はこれが「生きる力」なんだと思うのです。

何でも完璧にこなせることよりも大事なことってありますよね？　少し間が抜けていても、周りに助けてもらえるキャラクターの友達はいませんでしたか？　そういう人のほうが、はるかに世渡り上手だったのではないでしょうか。いろいろな人に助けてもらえることは、才能なんです。

私たちだって忘れ物をしてきましたが、意外と困らなかったり、きちんと対応はできていたはずです。それに、本当に困るものはやっぱり忘れないでしょう(笑)。お母さんになると、とにかく〝ちゃんとした子＝完璧な子〟が基準になるので、ついついそういう目先のことにとらわれてしまうのですが、「子どもの自立」という子育ての大きなゴールを見たときに、子育てというのは決して完璧な子を育てることではない、ということがわかると思うのです。子育て中は視野が狭くなり子育てのゴールがわからないと、どうしても目先のことをちゃんとさせることがゴールになります。時間を守る、忘れ物をしない、友達に優しくする、宿題をきちんとやるなどのことは、結果が目に見えてわかりやすいからです。

誤解しないでほしいのは、忘れ物をするのを良しとしているのでは決してありません。本人が忘れ物をして恥ずかしいとか、そのために自分が周りの人に迷惑をかけてしまって「今度は忘れないようにしなくちゃ」と思ったなら、一緒に忘れ物をしないようにするにはどうすればいいかを考えてあげてほしいのです。

子どもには子どもの世界があります。私たちの見えない世界が増えてくるのが、子育てというもので、自立の始まりです。どんな困難にぶつかっても、自分で立ち向かい切り開いていく「生きる力」をつけてあげてください。そのためには、お母さんの目の前に起こった、子どものさまざまなトラブルや問題を、どうぞ〝自分の問題〟にはしないでください。すべては子どもに体験として学ばせるチャンスだと思って、自分の世界と子どもの世界を区別しましょう。子どもが幼稚園に入る年代くらいから、少しずつ意識してみてくださいね。

子どもの将来は、今悩んでもしょうがないこと。悩んでいる暇があったら、心を配りましょう。

少年の凶悪犯罪が珍しくなくなりました。ニュースを見るたびに、私の子どももし……と不安が胸をよぎることはあると思います。

年間１５０本の講座を行い、「お母さんがハッピーになれば家族もハッピー」などと言っている私だって、自分の子どもが不良になってしまったらどうしようと思うことがあります（笑）。今の私の子育てがうまくいっているかどうかは、私にもわかりません。だから、今起こるかどうかわからない先のこと、未来のこと、子どもの将来を不安に思っておどおどしたところで、何も変わらないということです。

最近、35年ほど前の育児書を見せてもらう機会がありました。どうやってしつけるのかとか、怒らない方法など、子育ての悩みはどうやら今も昔も変わっていないようです。私たちの親も、きっと同じことで不安になり悩みながら私たちを育ててきたのでしょう。

お母さんにとって、子どもは常に不安で心配な存在なのは今も昔も変わりません。子育てに悩みはつきもので、悩みながら、不安があるから一生懸命になれるのです。子育てというのは、不安や心配があってちょうどいいのではないかと思うのです。

子どもを学校に送り出すときに、横断歩道で事故にでもあったらどうしようと心配になるから、「横断歩道は気をつけて渡るんだよ」という言葉をかけられます。家の子は大丈夫だと思っていたら、「いってらっしゃい」と送り出すこともしなくなるでしょう。

私は「心配」という言葉が大好きです。心配という字は、心を配ると書くからです。みなさん、子どもにいっぱい心を配ってあげてください。いい子にさせたい、悪い子にさせたくないではなく、お母さんが常に心を配り、子どもをよく見てあげてください。いっぱい心配してあげましょう。

兄弟喧嘩は仲裁しないで、見守るくらいがちょうどいい。一方が良い悪いではなく、1人ずつと向き合うことが大事です。

兄弟に喧嘩はつきものです。私は、兄弟喧嘩は止めなくていいと思います。兄弟喧嘩が始まるとうるさくなるので、お母さんは静かにしていてほしいし、兄弟は仲良くしてほしいという期待もあります。でも、兄弟がいる人ならわかるはずです。あなたも、兄弟喧嘩をして育ってきましたよね。兄弟喧嘩はコントロールできません。

もちろん、ハサミを持ち出したりして命にかかわることになれば別ですが、兄弟喧嘩も経験のひとつです。喧嘩が始まったら、そこに意識を向けないことです。「喧嘩が終わったら呼んでね」くらい言って別室に行き、洗濯物でも畳んでいましょう。

兄弟喧嘩であっちを立てればこっちが立たずという悩みを抱える人もいま

す。喧嘩はどっちもどっち。売るほうも買うほうもどっちもどっちも悪いので、どちらかを立てるのではなく、どっちも立ててほしいのです。

また、どちらもそれぞれ悪いところがあることを、具体的に教えてあげてください。喧嘩を売るような悪い言葉を使ったほうには、どういう言葉を使ったほうがよかったのか、手を出してしまったときは、手をあげないで言葉で伝えることの大切さを教えてあげてください。

そして、このときにいちばん大事なのは、1人ずつと時間を取り向き合って、それぞれの心を満たしてあげることです。

そういうとき、ぜひ実践してほしいのが、「ささやき作戦」です。近くの公園でもコンビニエンスストアでもいいので、2人きりで手をつないで出かけてあげましょう。この場合、お母さんと子どもと2人きりで出かけることが重要です。絶対に兄弟を一緒に連れて行ったりしないこと。2人だけなら、甘えてくる子どもをちょっと抱っこすることもできますね。そして、ささやいてください。「あなたがいちばん大事。あなたのことがいちばん大好き。でも、2人だけの秘密だよ」と。これをそれぞれに言ってあげるのです。それぞれに「お母さんは私のことが大好きなんだ」と思わせるのが大事なんです。

これは、兄弟が生まれて赤ちゃん返りをしてしまったお兄ちゃんやお姉ちゃんのケアとしても、ぜひおすすめです。比較的上の子は「いつも下の子ばかりに優しい」と思ってしまうことが多いですから。

ただ、子どもによって、満たされたい器は違います。1日5分話を聞いてあげて満たされる子どももいれば、30分でも満たされない子どももいます。その子どもにあった満たされ方を発見するのが母親の役割であり、子育ての醍醐味。まずは、子ども1人ひとりとじっくり向き合ってみましょう。

第3章

夫への不満を抱えている
お母さんへのコーチング

あなたは、夫の話をちゃんと聞いていますか？
愛はブーメラン。
まずは、自分から投げることです。

子どもが生まれると、夫婦の関係も変わってきますね。子どもが小さければ小さいほど、「ママイキ」受講生の悩みも「子育てのストレスの原因は夫」という意見がダントツに多くなります。

付き合っていたころや、結婚当初は2人の会話もあったけれど、最近では、報告・連絡・相談の〝ほうれんそう〟のやり取りしかしなくなった。こんな声をよく聞きます。1日子どもを相手に、添い寝までして朝までぐっすり、残業で深夜遅く帰宅する夫とはすれ違いが多い、なんて人もいるでしょう。講座でもよく、「夫が話を聞いてくれない」「労いの言葉をかけてくれない」と愚痴をこぼす人がいます。こんなとき、私は必ずこう問いかけます。「あなたは、夫に対して同じことをちゃんとやれていますか？」。たいていの人はハッとします。

そう、私たちはつい、相手を変えようと相手に要求ばかりをします。自分が変わるのではなく、相手をコントロールしようとするのです。でも、残念ながら相手をコントロールすることはできません。だから、あなたの意識を変え、あなたから動くことが大事です。愛はブーメランです。最初にまず自分から投げること。自分が夫に対してちゃんと優しく接していたら、必ず自分にも戻ってきます。些細なことにも「ありがとう」と伝えてみましょう。

夫との会話を思い出してみてください。いつもあなたが一方的に話していませんか？　「今日公園で砂遊びをしていたときにね」「隣のお家、今度旅行に行くんだって。いいな～」。子どもの1日の様子を伝えることはもちろん大事なことですが、それ以上に大事なことは、お互いの〝気持ち〟を伝え合うことです。これを私は〝感情のシェア〟と呼んでいます。女性は比較的この感情のシェアが得意ですが、男性はあまりそういうことに慣れていません。突然「お互いの気持ちをシェアしましょう」というのは難しいでしょう。でも、現代は心の病気になる人も多くいます。自分の気持ちを丁寧に扱わないと（44ページで説明した感情の成仏です）、ストレスを多く抱えてしまうことにもなります。

夫だって、きっと話したいことがあるはずです。

会話のきっかけがなかなかつかめない人は、最近嬉しかったことや感動したことなどを話したり、聞いてみてはどうでしょう? 「ママイキ」では2人組になって、「最近感動したことをお互いに話してください」とお願いします。さらに、「子どものことではなく、自分の感動や喜びを話してください」と付け加えてお願いをすると、あちらこちらから「え〜!」という声やため息がこぼれます。それでも、ほんの小さなことでもいいからとお話しを始めてもらうのですが、みなさん話し始めると、表情がいきいきして笑顔がこぼれます。みなさん楽しそうなんですよね。そう、自分の話を聞いてもらったり、嬉しかった話を誰かと共有できたりするのはとても嬉しいことで、楽しいことなのです。

いきなり、1時間も2時間もこのような話をしろ、と言っているのではありません。毎日でなくてもいいのです。買い物に行く車の中でちょっと話を投げかけてみる。寝る前に布団の中で、ちょっと話してみる。本当にちょっとでいいのです。この少しずつの積み重ねが大事。子どもが生まれて家族が増えて、新しい夫婦の関係を築いていけるといいですね。

子育てを手伝ってくれないと文句ばかり言っても、夫は変わりません。自分の受け止め方を変えましょう。

私の講座にも、お父さんが参加してくれることがあります。イヤイヤだったり無理やりだったりはしますが、私が講座を始めたころはないことでした。ここ2、3年、お父さんが育児休暇を取ったことがニュースになったり、育児を進んで行う男性を〝イクメン（育児をするメンズ）〟と呼ぶ言葉ができたりして、子育て参加をするお父さんが注目され始めました。

その一方で、子育てを妻にまかせっきりにする夫もいます。人はそれぞれですから、育児に進んで参加できる人がいれば、そうすることができない人がいるのは仕方のないことです。

ただ、育児を進んでできない人も、何もしていないとは限りません。あなたからしてみれば、何もしていないように見えてしまう夫も、実は精一杯お父さん業を頑張っているのかもしれません。せっかくの休みに子どもと遊んでくれていませんか？　時々お風呂に入れてくれませんか？　子どもを一生懸命叱ってくれませんか？　親だから当然という人もいるかもしれませんが、これらもすべて育児の一環です。オムツを替えることや保育園や幼稚園の送り迎えをすることだけが、育児参加ではありません。

相手を変えることは、なかなかできません。あなたは、「どうやったら夫にもっと育児を手伝ってもらえるのか」といつも考えているかもしれませんが、夫は夫で、「どうしたら妻にもっと家事をちゃんとやらせることができるのか」と考えています。あなたが家事と育児を精一杯頑張っているように、夫もそれなりに頑張っていることを、まずは認めてあげましょう。

自分で直そうと思わない限り、人間は変わらないものです。変わらないものを一生懸命変えようと時間とエネルギーを使うよりも、あなたの受け止め方を、マイナスからプラスに変えてみましょう。そのほうが簡単だし、ずっとラクですよ。

子どもと遊ぶだけで育児に参加してくれないお父さんではなく、休みの日に子どもを遊びに連れ出してくれる頑張り屋のお父さんだと考えてはどうでしょう。夫には、感謝の気持ちをもち、それをきちんと伝えること。その上で、ミルクやオムツを買いに行ってもらったり、子どもが寝ているちょっとの時間に留守番をしてもらったりなど、少しずつ、少しずつ、夫ができそうなことを見つけてお願いしてみてください。大事なのは、あなたから投げかけていくことです。

夫の文句や愚痴でイライラするのは損です。夫の怒りが苦しければ、受け入れないで、見過ごしてみましょう。

夫のことを、「もう１人子どもがいるみたい」。こう思ったり、言ったりしたことはありませんか？　何もしてくれない、文句ばかり言う、１人で勝手に出かけてしまうなどイライラの原因は人それぞれですが、１１２ページでもお話ししたように、お母さんがイライラするいちばんの原因は、「大きい子ども＝夫」なのです。

私の夫も、私の家事に関してうるさく言うことがあります。この間は、朝ご飯に自分の気に入らないものがあっただけで機嫌が悪くなりました（笑）。彼の名誉のために言っておきますが、子どもの面倒は見てくれるし、私の仕事にも理解はあるし、トータルでみたら花マルのお父さんであり夫です！　そのくらいで機嫌が悪くならないでほしいなとは思ったのですが、私は特に何も言わずに夫を送り出しました。なぜこういうことができるかといえば、夫の機嫌が悪くなった原因は、気に入らないおかずのせいではないとわかっているからです。以前も同じおかずがあったのに、機嫌が悪くならず出かけて行ったときがありました。怒る日と怒らない日があるということは、本当におかずが気に入らなかったというわけではありません。要は、単に夫の機嫌が悪かっただけなのです。夫が怒っているのは、彼の問題で私の問題ではない……。

そう思えば、夫がいくらイライラしていても、もし私に向かって怒ってこようとも、私はそれに影響されないようになりました。夫も私が怒りを見過ごしてくれたという思いがあるのでしょうか、彼自身も余計なことを言ってしまったなという思いもあるようで、最近ではつっかかってくることなく、お互いいい意味で冷静でいられるようになりました。

家事ができていないことを責められれば、「じゃああなたは、育児を手伝っているの！」と夫に対抗して言いたくなる気持ちはわかります。でも、夫はそのときたまたま機嫌が悪かっただけなのです。「これが私の精一杯。力不足でごめんね」などと、うまくその場はやり過ごしてください。怒っているところに立ち向かっていくのは、火に油を注ぐようなものです。もしあなたが逆の立場だったらどうでしょう？　イライラして怒っているときは、何か言われるよりそっとしておいてもらいたいですよね。夫の怒りの言葉や態度にはすぐ反応せず、夫の怒りはどこからきているのか、ちょっと考えてみましょう。

今日もあなたは夫に怒られるかもしれません。夫の怒りの原因はなんですか？　あなた自身だけが理由ではないはずです。まずは夫の怒りを1回、見過ごすことから始めてみましょう。

子どもに甘い夫ばかりが、いつもいい人になる……。甘やかすことが子どもを満たすことではありません。叱られることからも、愛情は受け取ることができます。

「夫が子どもに、すごく甘くて」という話はよく耳にします。お父さんは甘えさせる人、お母さんが厳しい人という役割ができていていいと思うのですが、夫ばかりがいい人になって、自分ばかりが叱り役になるのはイヤだと思う人もいるようです。

確かに、子どもは表現がストレートなので、物をもらったら嬉しがりますし、優しくされたら、その人の近くにいたいと思います。ニコニコの笑顔で「だ～い好き」と言うかもしれません。

でも、そういう表現をするのも子どもが小学校に入る前ぐらいまでです。子どもの言葉や表現に振り回されないでください。大丈夫、基本はお母さんがいちばんです。何でも買ってくれるから、「パパがいい」とか言いますが、それは一時的なことです。子どもはきちんとわかっています。物を与えられたり自分の言ったことを聞いてもらったりするだけでは、自分が満たされないことを感じています。

私は兄弟が3人います。父が7年前に亡くなったのですが、あるとき兄弟みんなで食事をしていて、私はお父さんのことをハラハラさせたし、心配もさせた、でも、いちばんかわいがってくれたし、きっと私のことがいちばん好きだったと思う、という話をポロッとしました。すると、妹と弟も、自分がいちばんかわいがられたと話し出したのです。普通なら、お父さんは妹のほうをかわいがった、弟がいちばんだったと恨み節が多いと思うのですが、私たち兄弟は、3人が3人とも自分がいちばんだと思っていました。私たちは、幸せものです。

父は、優しい言葉をかけてくれたり、すぐにおもちゃを買ってくれたりするような人ではありませんでした。ものすごく厳しくて、スパルタ。褒めてくれることはめったにありませんでした。テストで95点をとったとしても、「あと5点、おしかったな」というタイプです。絵本を読んでもらった記憶もありません。それでも、私たち兄弟は、父の愛情をきちんとキャッチしていました。

夫が子どもを甘やかすせいで、叱り役のお母さんはいつも自分ばかりが悪者になっていると感じることもあるでしょう。でも、子どもは叱ってもらうことからも、きちんと愛情を受け取ることができます。だから、叱るときは、人が言っているから、見ているからではなく、自分の言葉でなぜいけないかをきちんと伝えてください。それができれば、子どもは叱られることからも、愛情をキャッチすることができ、満たされると感じることができるはずです。

甘やかすことが、子どもを満たすことではありません。あなたが叱り役に徹して、厳しさの中からも、きちんと愛情を向けてあげましょう。

夫の言動に悩んでしまうのは、反応してしまう要素が自分の中にあるからです。上手に受け流していきましょう。

「どこに行っても子どもが騒ぐのは、お前のしつけがなってないからだとか、モノを投げたりするのもお前が悪いと、夫が子どものしつけについて口やかましく言います」という悩みの相談を受けたことがあります。

こんなふうに言われて、お母さんが悩んでしまうのは、実は自分自身や子育てに自信がなく、自分が悪いのかもしれないと不安があるからなのではないでしょうか？　「私のせいではない」という自信があれば、誰に何を言われても気にならないはずです。このお母さんは、夫の言動に過度に反応しています。要は、夫の言葉に〝反応してしまう要素が自分の中にある〟ということです。

もちろん、夫に対して反論し「あまり私ばかりを責めないで……」と素直に言ってもいいのですが、夫の言動をやめさせるというのは難しいことです。なぜなら、相手の言動はコントロールできないからです。それをやろうとすると喧嘩になりますよね。だから、そういうときこそ「自分の受け取り方＝反応」を変えていくのです。

私はこれまで、さまざまな親子を見てきましたが、騒いでいる子どもの親の子育て方法が、間違っているかといえばそうではないと思っています。育て方が悪いから、友達を突き飛ばしたり、噛んだりするかというと、それも違います。逆に、子育てには特に問題がない、子どもとの関わり方も素敵だと感じていたママ友達の子どもが、ある一時期すぐに友達を噛んでしまうということがありました。私が見る限り、ママ友達のしつけや育て方が悪いとは決して思えませんでした。年齢や一時的なものだったのでしょう。実際、その子はしばらくしたら噛んだりしなくなりました。

子育ては、自分のやっていることが正しいかどうか、残念ながらすぐに答えが出るものではありません。それに、人間にはさまざまな本質があります。あなたの子どもを他人が見れば、それがたとえ子どもの本質だとしても「しつけがなってない」と思われるようなこともあります。これも、「親のせいではない」ということを知っておいてください。すぐに結果が見えないし、因果関係もハッキリしない……。だから余計不安になってしまうのですね。

子育て中に、誰が悪いかの犯人探しをしてもまったく意味がありません。「誰が悪い」「この方法がよくない」ということはないのです。やり方がどうもうまくいかないようだと思ったら、違う方法を選べばいいだけのこと。自分のやり方にも自信がなくなってしまっているから、夫の「お前が悪い」という言葉に過度に反応してしまうんですね。

それに、夫は、あなたのしつけが悪いと言いますが、本当にあなたのしつけが悪いかどうかはわかりません。繰り返しになりますが、子どもがそのような行動をするのは、子どもの本質かもしれませんし、子育てとは、すぐに結果の見えないものです。ここを切り離してみると、夫の言葉も受け取りやすくなります。夫の言葉には過度に反応せず、上手に受け流していきましょう。

夫とは〝ほうれんそう〟だけ……。子どもが生まれれば関係性は変わってきます。夫との会話を充実させたければ視野を広げることです。

夫との会話が減ってしまい、今日あったことを話すだけ。これは何とかしなくてはなどと思って、いざ夫に最近の悩みを話してみると、頼んでもないのにアドバイスやダメ出しされて腹がたってしまった、なんてこともよく聞きます。

ここでぜひ知っていただきたいのが、女性は共感をしてほしい〝共感脳〟で、男性は解決策を見出したくなる〝解決脳〟ということです。夫があれこれ提案をしてきたりダメ出しをしても「男性だから解決したいんだな」と思って受け流しましょう。または「ただちょっと聞いてほしいだけ。アドバイスとかがほしいわけじゃないのよ」と伝えるのも効果的でしょう。

妻は夫に依存しがちです。ましてや子どもが小さく、家の中にいて子どもと2人の生活をしていると社会とのつながりは減り、社会との唯一のつながりが夫になったりします。かつての私もそうでしたが、夫の帰宅後、矢継ぎ早に質問攻め。話題に事欠いていた私は、そのくらいしかできなかったのです。夫の話を聞くこともなく一方的にまくしたてていました。

子育て中のお母さんは視野が狭くなりがちです。専業主婦ともなれば、スーパーと公園と家の中のたかが半径数百メートルの中、ゴールデントライアングル（25ページ参照）の中で1日が終わる人も多いでしょう。夫と話をしようと思っても話題がなく、ついつい子どものネタばかりになりがちです。私がそうだったのですが、話すことがなくてついつい「今日何があったの？」「仕事はどう？」などと聞いてしまい、夫から出てくるのは楽しい話題ではなく愚痴やどうでもいい話題ばかり……。

そんなときには、ちょっと自分の生活圏の外側に出てみることをおすすめします。私は、3年間の専業主婦の時代を経て、初めて講座の依頼を受けました。そのとき、久しぶりに乗った電車の中吊り広告がとても印象的だったのを覚えています。いろいろな見出しがあって、たった数十分乗って見ているだけで今の世の中が見えてくる……。家とスーパーと公園のゴールデントライアングルの中にいたときにはまったく見えてこなかった世界でした。

書店に行っていつも買わない雑誌を買ってみるというのもいいでしょう。何か新しい知識を詰め込むとか、そういうことではないのです。ちょっとだけ視野を広げることで、話題も自然と増えてきます。料理を作るときには目の前のガスコンロ、洗濯物を干すときには物干し竿、買い物に行けば目の前の野菜棚やショーケース。それだけしか見ていません。見ているものはいつも一緒。普段、自分の視野がどれだけ狭いのか、わかりますか？

狭い世界にいると、小さなことがとても重大なことに思えてきてモヤモヤした気持ちに陥りやすくなります。料理を失敗しただけで落ち込む。せっかく掃除したのに、すぐ汚れてしまってがっかりする。夫にちょっと責められただけで、私はダメだと感じてしまう。それほど重大ではないことが、大きいことに思えてしまうのです。１日は24時間。限られた短い時間を、自分のモヤモヤをぶつけるだけに使ってしまうのはもったいないことです。それに、夫だって、疲れて帰ってくるのに、妻は毎日どうでもいい話ばかりで、挙句の果てには些細なことで悩んだり愚痴を言ったり……。いい加減、夫だってイヤになってtしまいます。

夫婦の会話はとても大事です。でも、夫婦だからといって何でもすべて話す必要はないし、相手のことをすべて知っておく必要もないと私は思っています。すべてを知ろうとすると、報告だけの会話に陥りがちです。それに、あなたに知られたくない世界があるように、夫にもそういう世界がきっとあると思います。

1日にあった出来事をただ報告するだけの一方的な会話から、ちょっと視野を広げて会話を楽しんでみてはどうでしょう?

夫婦の考え方が違っても問題ありません。子どもはそこからいろいろな価値観を学びます。「夫婦が違う＝夫婦でバランスを取っている」ととらえましょう。

子育ての方針が合わないとか、夫と考え方の違いがあるという悩みを時々耳にします。結論から言います。私は夫婦の子育てのすべての方針が同じでなくてもまったく問題ないと思っています。みなさんの両親は、まったく同じ方針であなたを育ててくれていましたか？

私の両親は、まったく正反対の性格でした。父は「石橋を叩いて渡る」タイプで、母は「当たって砕けろ」タイプ。何をするにも、お互い自分の〝ものさし〟に当てはまらないから大変です。でも、私はその両方を間近で見ることができてよかったと思っています。両親は些細なことをお互いの〝ものさし〟で喧嘩をしていましたが、私は子どもながらに喧嘩を見ていて、「お父さんはこういう性格（石橋を叩いて渡る）だから、お母さんを見ているとハラハラするんだな〜」。「お母さんはこういう性格（当たって砕けろ）だから、良く言えば楽天的なんだけど、悪く言えば何事も安易に考えて甘い部分があるんだよね」。こんなふうに、意外と客観的にとらえていました。そう、どっちもどっちなのです。どちらが良い悪いではなく、両方それぞれ良さがあり悪さがあるのです。喧嘩両成敗ではありませんが、どちらも悪いしどちらも悪くない。私は、両親の喧嘩を見て、いつも思っていました。

夫婦の考え方や価値観が一緒であれば、子どもはひとつの考え方や価値観しか知ることができません。逆に、異なればさまざまな価値観を学ぶことができます。違っているからこそ、世界が広がり、見るものが増え、それだけで子どもの体験につながります。だから心配はいりません。世の中にはいろいろな人がいて、いろいろな考え方があるということを知ることができるのです。

夫婦はバランスだと思います。私はどちらかというと母に似ていて、単純で楽天的。そんな私を、夫はやっぱりハラハラして見ているようです。夫はどちらかというと私の父親に似ています。「そういえば昔、お父さんによく言われた」と思うことを最近では夫に指摘されたりします（笑）。結局、結婚相手に父親みたいな人を選んでしまったんですね。多くの人が「私も同じ」と思うのではないでしょうか？

子どもを甘やかす夫を何とかできませんか、というのも同じです。夫婦２人で神経質になるよりも、一方が子どもを十分甘えさせてあげることができれば、もう一方が少々厳しくても大丈夫です。

１２２ページでも話しましたが、私の父親は非常に厳しい人でした。もちろん、愛情ゆえにですが、スパルタの父。それに比べて母は「習い事、イヤならやめていいよ」と言うような人でした。習い始めたばかりでもやめたいと言えば、「そんなイヤイヤならやらないほうがいい」。そういう考え方の人でした。それが正しいか間違っているかは別にして、父が厳しくてもその分、母が上手に甘やかしてくれたのでバランスが取れていたのではないかと思うのです。

要は、夫婦でバランスが取れていればいい。そう考えてみましょう。

夫の両親とうまくやる秘訣は、どう付き合っていきたいのかを考えること。そして、相手に甘えることも必要です。

夫の両親との距離感がわからないという悩みはよく聞きます。たとえば、夫の実家のキッチンにどんどん入っていっていいものか、夫抜きで舅や姑のところに訪ねてもいいのかなど、遠すぎるのも寂しい感じがするし、かといって近すぎるのもイヤだ、という人がほとんどです。

私は夫の実家に帰省しても、洗濯くらいは手伝いますが、それ以外は基本的にやりません（苦笑）。一応「手伝いましょうか？」とは聞きますが、「いいよ」と言われるのでありがたくそうさせてもらっています。そして、私はかなり図々しい嫁だと自負しています。一方、私の知り合いは、帰省した夫の実家でも台所に立って義母と一緒に料理をするのだそうです。大事なのは、どちらが正しいか、正しくないかということではありません。夫の両親と、自分はどう付き合っていきたいのか、ということが大事なのです。付き合い方が決まっていないから、どこまでも介入されたり、うまく距離が保てなかったりするのではないでしょうか？　このテーマは、多分永遠にどれが正しいというのはないのだと思います。あなたが、自分はどう向き合っていくかを決めましょう。

たとえば、私の夫の両親は以前、野菜だったり親戚のおばさんにいただいたちょっと年代の古い洋服などを、よく送ってきてくださったのですが、私にはだんだん負担になってきました。もちろん、姑は喜んでもらえると思って、よかれと思って送ってきてくれます。最初のころは「嬉しいです、ありがとうございます」と言っていました。そうすると喜んでもらえたと思い、また送ってきてくれるのです。でも、送っていただいたものが食べきれなかったり、サイズや趣味が合わなくて着られない服だったりして、だんだん苦痛になってしまったのです。

だから、それ以来、きちんとこちらの要望を伝えることにしました。「この間送っていただいた野菜、おいしかったです。でもちょっと量が多かったので食べきれなくて……。今度はもう少し少なめにしていただけると、腐らせずに済むので助かります」「せっかく送っていただいた洋服なんですが、すみません。少し自分の趣味と違うので……」。文句ではなく事実をシンプルに伝える。そして感謝の気持ちを必ず添えること。これがポイントです。

距離感をうまくとることと同時に大切にしてもらいたいのが、舅や姑には甘えることです。私は「お義母さん、お中元などでもらった余っている油があったらぜひくださいね」とほしいときにもはっきり言うようにしています。いろいろな人の話を聞いていると、結局、甘え上手の人のほうが、舅や姑との関係をうまくやれているのではないでしょうか。甘えられない人のほうが、うまくいっていない。子どもを預かってくれるのであれば、買い物に行けばいいし、夕ご飯をごちそうしてくれるなら、作る手間が省けます。

「舅や姑を、うまく利用してやる！」くらいの気持ちがあったほうが、案外うまくいきますよ！

第4章

ママ友達との付き合いに悩むお母さんへのコーチング

ママ友達を作りたければ、心を開いて自分から一歩踏み出し、子どものことではなく自分の話をしてみましょう。

仲のいいママ友達を作りたいと思っている人は多いようです。ただ、何でも話せるママ友達がいないといけないとか、子どもどうしの仲がいいから苦手な人とでも仲良くしないといけないと思っているのであれば、それは違います。

子どもを介してのママ友達は、自分の友達とは別です。極端な話、子どもを介しての友達なら、仲がいい人がいなくてもかまいません。保育園や幼稚園、小学校は子どもの世界なので、子どもが楽しんでいればいい。子どもの世界で、お母さんどうしが楽しく過ごす必要はないのです。

とはいっても、仲がいい人はいるにこしたことはありませんし、プラスになる出会いや、子どもがいたからこそのいい出会いがあるかもしれません。親しいママ友達を作りたいと思うのであれば、積極的に関わっていくように努力も必要ですね。何もしないで、突然親身になってくれる人が現れるなんてことはありません。それなりの人間関係を作らなければ難しいことです。仲良くなりたい人がいれば、まずは声をかけてみましょう。ネットワークのつながりをもつために33ページで紹介した、名刺を作って配るのもいいでしょう。生まれた年や出身地に加えて、好きな物や趣味、どんな仕事をしているか、していたかということも書いてみましょう。相手が共通点をもっていれば、話題ができ、つながりが増えます。また、共感点が一緒であれば、一気に距離は縮まります。

ママ友達は子どもの話ばかりして、自分の話をなかなかしません。あたりさわりのない話ばかりで、表面的な話しかしないのです。子どもの名前は知っているのに、お母さんの名前を知らない人は多いでしょう。どこに住んでいるかも、職業も知らないことが多いはずです。

私は、ママ友達をファーストネームで呼ぶようにしています。私のほうから、洋実さんと呼んでほしいこと、あなたも名前で呼びたいということを伝えました。その甲斐あってか、私のママ友達は、子どもの名前でママ友達を呼び合うことがほとんどありません。

人とよい関係を築くためには、自己開示も大切です。心を開いて、自分から相手に一歩踏み込んで行かなければ、相手の心を開くことはできません。子どものことではない自分のこと、自分の本心を話してみましょう。あなたも、ママ友達が自分の話をしてくれたり、知らなかった話を聞けば、嬉しくなるはずです。表面的ではなく、自分のことをきちんとアピールできる話は、お互いの距離がグッと近くなります。

お母さんたちは、案外同じことを考えています。仲良くなりたいけど、言えない人ばかり。みんな声はかけるより、かけられたいものです。ぜひあなたが一歩踏み出して、自分から声をかけてみてください。

私たちは「自分のパターン」をもっています。断られることが怖いのもひとつのパターン。自分のパターンに気づけば選択肢が広がります。

子どもどうしが仲良くなったり、ちょっと親しくなりだしたママ友達がいれば、一緒に出かけてみたいと思ったり、食事に誘いたくなるものです。でも、断られるのが怖くて、誘うことがなかなかできないのも事実です。私たちは誰もが、ノーと言われることに恐怖感をもっています。でも、「断られるのが怖いから誘わない」「嫌われているかもしれないし、一度断られたらもう誘えない」というのは、あなたがいつも行っている行動パターンなのかもしれません。

私たちは、考え方、動き方など、知らず知らずのうちに、自分のパターンによって、同じことを繰り返しています。

「ママイキ」では、４人組になったり、２人組になったり、みなさんに移動してもらうことがあるのですが、比較的後ろの席にいて、前に出てこないお母さんがいます。これは、その人のパターンです。そういう人は、「ママイキ」だけでなく、保護者会に行ってもほかの講演会に行っても後ろのほうに座っているはずです。前に座るのが良くて、後ろにいるのが悪いということではなく、これがあなたのくせ、パターンだということに気づいてください。

あなたはいつもどちらの足から靴をはきますか？　右から？　それとも左からでしょうか？　聞かれても意外と気づいていない人も多いかもしれません。私は左足から、です。これが私の〝パターン〟。きっと無意識にやっていることで、意識しない限りずっと左足からです。左足から履くことを知らないと、ずっと同じパターンで生きていくことになります。でも自分のパターンに気づいたら、意識的に右からはく、ということができるようになります。自分のパターンを知るということは、選択の幅が広がるということで、自分の行動を変えることができるということです。

誘いを断られることで、常に自分が嫌われていると思ってしまう人は、それがあなたの思考パターンであることに気づいてください。でも、「誘いを断わる＝あなたの存在を拒否する」こととは違います。私たちは、誘いを断られたり物事を否定されたりすると、自分がイヤがられている、自分を否定されたと思いがちです。しかし、誘いを断ったのは、あなたを避けているからではないのです。ここを区別できるようになると、ラクになります。お母さんたちは忙しいので、断る理由のほとんどが忙しかったり、タイミングが合わなかったりということばかりなのです。

誘いを断られたのは、あなたに非があるというマイナスの思考ではなく、ただ単に都合が合わなかったというプラスの思考パターンに変えてみましょう。

まずは、ノーを恐れないこと。そして、自分のパターンに気づき、いつもと違う考え方を選択し、行動してみてください。

ママ友達のおしゃべりの輪から抜けたいなら、自分で予定を作って抜け出す口実を作りましょう。苦しかった時間が、有意義な時間に変わります。

保育園や幼稚園の送り迎えでママ友達に会うと、おしゃべりが始まってなかなか帰ることができないと悩んでいるお母さん。実は、その輪の中にいるお母さんのほとんどがそう思っています。きっかけがなくて、その輪から抜け出せないのは、きっとあなただけではありません。

「もう時間だから」「そろそろ」と言ってうまく抜けることができればいいのですが、それがなかなか難しいのであれば、「今日は宅配便が来るので」などのあたりさわりのない言い訳を、自分の中でいくつか用意しておくといいでしょう。でも、毎日言い訳ばかりをしているのもなんだか気が引けますよね。

そもそもみなさんは、「きっかけがなくて、うまく断れない」と言いますが、もしその日に、本当に受け取らなければいけない宅配便があればどうでしょう。

次にしなければいけないことが決まっていれば、おしゃべりしている時間はないはずです。結局、みなさんはおしゃべりに使える自由な時間があるから輪の中にいられるのです。時間に余裕があるんですね。

午前中に済ませたいことを決めておくとか、スーパーマーケットの朝市に行くとか、ダイエットのための散歩に行くでも、なんでもいいのです。断らなければならない状況を自分で作ってみるのもいいでしょう。

あなたは、何かしたら嫌われる、イヤがられるかもしれないと人の顔色ばかりをうかがい、周りからどう思われるかばかりを気にしているのではないですか？　でも、人生はあなたの人生で、誰の人生でもありません。イヤイヤであっても、今はここにいる時間と決めればそれがあなたの決めた過ごし方だし、興味のないおしゃべりをしている時間がもったいないと思えば、抜け出すこともできます。苦しい時間をずっと苦しい時間として過ごすのか、その時間を自分のためだけに使うのかを決めるのは、あなた自身です。

それに、意外とその場を抜けても、周りの人はあなたが気にするほどなんとも思っていないものですよ。

あなたに苦手な人がいるように、あなたを苦手な人もいます。好かれようと努力するより、あなたらしくいることが大事です。

人に嫌われるのは、誰でもイヤなものです。もし、あなたが今誰かに嫌われているのではないかと悩んでいるのであれば、解決方法は2つ。ひとつ目は、その人に事実を聞いてみることです。さっきまでしゃべっていたのにあなたが話し始めたら帰ってしまったとか、挨拶したのに無視されてしまったなど、嫌われていると悩むきっかけはさまざまですが、そのほとんどは勝手な憶測ということが多いようです。お母さんたちは、いろいろなことに意識が飛ぶので対応がそっけなかったりするし、病院やお稽古に行かなければいけないと急いでいます。必要以上に気にしなくてもいいし、理由を聞けばその悩みはすぐに消えるはずです。

そうは言っても、そんなことは直接聞けない人がほとんどですよね。それなら、嫌われているか否か、あなたが悩んでも仕方のないことや憶測に振り回されてはいけません。これが2つ目の解決方法。つまり、考えないことです。

さて、ここでひとつ質問です。あなたは、自分は嫌われているだろうと思うあの人のことや、あるいは苦手な人のことがものすごく好きで、仲良くしたいと思っていますか？　この質問をすると、実は、仲良くしたいとは思っていない人がほとんどです(笑)。だったら、別に仲良くなくても、自分が嫌われていてもかまわないですよね。

私たちは、すべての人に好かれたいと思っているので、誰かから嫌われることが心配になるのですが、すべての人に好かれる必要はありません。あなたは苦手な人が1人もいませんか？　必ず1人、2人はいるはずです。あなたに苦手な人がいるように、あなたを苦手な人もいつの時代も必ずいるのです。

ママ友達が10人いたとします。そのうち、1〜2人は気が合います。約6〜7人はその場を問題なく過ごすことができます。残りの1〜2人は、まったく気が合いません。今までの人生を考えるとほとんどがこの割合でした。私はこれを〝宇宙の法則〟と呼んでいます。この〝宇宙の法則〟からは、逃げられないので、苦手な人やちょっとイヤだなと思う人に出会ったら、こう思ってください。

「これは〝宇宙の法則〟の通り。私の人生の中で、まったく気の合わない役割をしてくれてご苦労様です、ありがとう」

誰からも好かれようと無理はしないでください。どんなに努力しても、どんなに完璧になっても、その完璧が鼻につくと言われてしまいます。どんな自分になっても嫌われる人には嫌われるのであれば、自分らしく生きたほうがいいですよね。気が合わない人も、苦手な人も〝宇宙の法則〟だと思って受け入れるほうが、人生楽しく生きられます。

役員や係をお願いされるのは、あなたが信頼されているからです。押し付けられたというマイナスの見方ではなく、人生の幅を広げるチャンスととらえましょう。

お母さんになると、保育園、小学校、中学校と、さまざまな係や役員をやらなければならなくなります。ママ友達の話題にもよくのぼる話ですが、こういう話では、運動会の係は大変だとか、クラス役員を押し付けられてしまったとか、マイナスの話しか聞きません。

私は今、小学校のＰＴＡの役員をやっています。私を推薦してくださった方がいて、私の名前なんかをあげてくれてとても嬉しく感じました。私を信頼して推薦してくださったと思うと、感謝の気持ちが湧きました。

確かに、ただでさえ忙しいお母さんですから、さらに何かを背負うというのは大変なことかもしれません。また、お願いされただけなのに、押し付けられてしまったと感じることもあるでしょう。でもそれは、信頼されている証拠です。ほかの誰でもなくあなたにお願いしたことを考えれば、もっと喜んでいいはずです。それに、役員にならなければ関わらない世界があり、人がいます。私も、PTA役員になったおかげでお話できるようになった人や、広がった人脈もあります。これは、あなたの世界を広げるチャンスなのです。

人生の長さはほぼ決まっています。私の父は、大変な健康おたくでしたが62歳で膵臓癌《すいぞうがん》になりあっけなく亡くなってしまいました。一方、父の兄はヘビースモーカーではありますが、80歳を過ぎまだ健在です。命の長さは、神様が決めているので自分で長く引き伸ばすことは難しいかもしれません。私たちが変えることができるのは、人生の幅です。人生の幅は、自分で広げることも狭めることもできるので、役員をやるのも、やらないのも、喜んで引き受けるのも、イヤイヤやるのも自分で決めることができるのです。

役員は、期間限定で一生続くものではありません。どちらにしても役員をやることになるのなら、やらされてしまってイヤだなと思うよりも、自分のスキルアップのチャンスとプラスに考えたほうが、気持ち良くできるはずです。人生の幅を広げるチャンスになりますので、ぜひチャレンジしてください。

第5章

仕事をしながらの子育てに悩むお母さんへのコーチング

職場でのコミュニケーションを大事にすると、いろいろな人からサポートを得られたり、気持ちよく仕事に取り組めるようになります。

私もそうですが、お母さんという役割をもちながら、仕事をするのはなかなか大変です。子どもが熱を出せば、会社を早退したり休んだりしなければならなくなるからです。会社が子育てに理解があるのは、望ましいことです。ただ、世の中にはいろいろな会社があり、人がいますから、制度が整っている会社もあれば、なかなか理解を示してくれない会社もあるでしょう。

制度が整っていないことや、理解を示してくれないという会社の環境や文化は、残念ながらすぐに変えられることではありません。ただ、わかってもらえないと文句を言っているだけではしょうがないので、今のあなたにできることを精一杯やりましょう。

子育て支援の一環で、最近では働く時間を短くできるなど、ずいぶん制度も整ってきましたが、制度が整っていることと、理解があることは別です。制度だけが整い、夕方4時に帰宅することはできても、早く帰ることに後ろめたさを感じる職場は当然あるでしょう。

そこで大事なのが、人間関係です。人間は所詮、情で生きています。同じことを言っても、あなたなら助けてあげたいけど、この人は助けたくないというのが人間です。当たり前のことですが、気持ちよく挨拶をする、人に感謝の気持ちを伝える、元気がない人を見たら「元気がないように見えるけど大丈夫？」と気にかけてあげる。そんな些細なことと思われるかもしれませんが、こういうところから、よりよい人間関係を築くことが始まります。理解をしてくれないと、嘆いてばかりいても何も変わりません。自分から働きやすい環境に変えていく努力も必要です。

私は、ありがたいことに、どこに行ってもいろいろな人に助けてもらっています。助けてほしいと意識しているわけではないし、助けてもらうために意図的に仕組んでいるということもありません。ただ、私は人間関係をとても大切にしていますし、大事にする努力もしています。私をずっと見てくれている人が「ひろっしゅコーチは、せっかく働くなら気持ちよく働きたいという思いがあって人とつながっていく姿勢が伝わってくるから、助けてあげようと思うし、助けてしまうんです」と言ってくれました。私の気持ちが伝わっていることが感じられ、とても嬉しく思いました。

助けてほしいから、いい人間関係を作るのではありません。あくまでも、お互い気持ちよく仕事をするための人間関係ですから、職場の人間関係はとても大事なのです。

お願いしますとか、助けてくださいが言えたり、ここはどうしたらいいでしょうという悩みを相談したりできる人間関係を作っていくことが、あなたの立場を理解してもらえる近道になります。

今日から、ちょっと意識して「ありがとう」や「助かります」という言葉をかけてみましょう。

今ある現状を嘆くのではなく、感謝をしましょう。そこから道が開けます。

キャリアを積んで忙しく仕事をしていることが幸せ、仕事ができないことは不幸。バリバリ働いているキャリアウーマンでなければ、自分でいることができずに不安……。私が「ママイキ」を始めた7年前に比べると、そういうお母さんが確かに増えました。仕事を一生懸命やってキャリアを積むのが悪いことではないのですが、そうでないと自分でいられないと感じるのは間違いです。

このようなお母さんは、もっともっと仕事がしたくて仕事に生きがいを感じたいのに、なかなか責任のある仕事を任せてもらえないと悩みます。責任のある仕事、ない仕事というものがあるかどうかは別として、よく考えてみてください。責任がないと思っている仕事をして、ちゃんと給料をもらえるなんて、うらやましい話です。

子どもを育てることで、思う存分仕事ができないと感じるのは今だけのことです。子育て中の期間限定だと思ってうまくやりすごすことも大切ですし、仕事ができていないと後ろめたさを感じることもないのです。

確かに、独身のときのように部下を従えて夜遅くまで働き、十分な給料をもらっていたときに比べれば、物足りなさを感じるのはわかります。でも、今与えられている仕事を責任のない仕事とみなし、満足して働けないようであれば、どんな仕事にも満足はできないはずです。いくら責任のある仕事を任せてもらっても、もっともっとと欲が出てきて、いつまでたっても文句ばかり。満足ができないのではないでしょうか？　仕事なんて、やろうと思えばいくらでもやれます。キリがありません。

子どもがいて、大した仕事もできなくて、いつ早退するかもわからないのに仕事をさせてもらって、ここにいさせてもらってありがとうございます、という気持ちがあれば、少しでも役に立とうと、与えられた仕事で精一杯頑張ることができるのではないでしょうか？　感謝があれば、どんな状況にも満足できるようになります。

「ママイキ」の受講生にも、出産、育児休暇を終え会社に戻ったら、思うように仕事ができなくて、以前の自分とのギャップに苦しむお母さんがいました。でも、今の環境に感謝できるようになったら、今はちょっと緩くやるときなんだと感じるようになったそうです。そう思ったところで会社の状況が変わることもなく、相変わらず大きな仕事や責任のある仕事は任せてもらえないようですが、ギャップで苦しむことはなくなったと話してくれました。自由になった時間は、夫婦で映画を見に行ったり、習い事を始めて資格を取ったりしてみようかとも言っていました。

仕事の内容は選べませんし、環境はなかなか変えられません。その中でどう楽しむか、充実していけるようにするかは自分次第です。

責任のある仕事をすることだけが幸せではありません。逆に、仕事をたくさんもらえないことが不幸ではないのです。子育て期というのは期間限定で、この状況がずっと続くわけではないのです。今だけと割り切るのもひとつの手だと思いませんか？

ぐずる子どもを預けて仕事に行くのが後ろめたい人。その後ろめたさや不安は必ず子どもに伝わります。「ごめんね」ではなく「ありがとう」と伝えましょう。

仕事をしているお母さんなら、子どもを保育園に預けるときにしがみついて泣かれたり、「今日は仕事に行かないで」などと言われることもあるでしょう。仕事は休めないし、辞めることもできない……。後ろめたい思いをしているお母さんが多いでしょうが、仕事をすることは自分で決めたことです。自分で選んだ道ですから、後ろめたい思いは取り払い、心の迷いは捨ててください。

よく、仕事を選ぶのか、子どもを選ぶのかという話が出ます。私が働いているお母さんにいちばん伝えたいのは、どちらを選ぶのかという話になれば、「当然子ども」という意識だけはもっていてほしいということです。職場で大きな声で言う必要はないのですが、当然子どもという意識はもっていることが大事です。だから、残業はしないとか出張するなという意味ではありません。

何があっても、子どもが大事で譲れない気持ちを、意識の中でもっていることが大切なのです。

たとえば、私だって講座は穴を開けられないし、子どもが熱があっても、誰かに世話を頼んで行かなくてはいけないのですが、それでも子どもがいちばん大事です。子どもが病気でも仕事に行くのは、子どもより仕事が大事ということではないはずです。誰もがわかりやすく目に見えるもので判断しがちですから、仕事に行けば仕事をとっているように感じますが、どう考えても子どもが大事なはずです。

仕事はするけど、子どもは大事という確固たる思いをもっていることが、とても大事なのです。なぜなら、お母さんのもっている後ろめたさが、節々の言葉に出てしまうからです。

たとえば「ごめんね」という言葉。仕事に行くのを止めようとする子どもに「お母さん仕事に行かなくっちゃいけないの、ごめんね」と言えば、子どもは、お母さんは自分より仕事が大事なのだと感じます。仕事に行くことは、悪いことでも謝ることでもありません。

また、「親の背中を見て子は育つ」という言葉がありますが、本当によく言った言葉で、親の背中に迷いがあったら、子どもにはそこが伝わります。

「ママイキ」は、そのほとんどが保育付きの講座です。講座をしている隣の部屋や、広い部屋をパーテーションで仕切ったりして保育をしていることもあり、子どもの鳴き声が聞こえることもあります。そうすると、お母さんの意識が私ではなく、子どもに向き始めるのが前から見ていてよくわかります。子どもを預けるのが初めてだったり、預けるときに子どもが泣きやまずに預けてきてしまったりすると、途中で泣いているのが家の子かもしれないと心配になるのです。私は「お母さんたちが子どもに気を飛ばさないでください」とお願いします。「お母さんが意識をちゃんとこちらに向ければ、子どもは静かになりますよ。子どもが泣いていても大丈夫だから、お母さんたちはこちらに集中してごらん」。何分かすると、本当に鳴き声がやんでいます。お母さんたちは集中していて気づかないので、「ほら」って言うとシーンとしていて、みなさんびっくりするのです。

「泣いているからかわいそう」とか、「ごめんね」という気持ちがあるのであれば、ぜひ「ありがとう」という気持ちを伝えてください。泣いていた子どもを迎えに行くときは、「いい子で待っていてくれてありがとう」。「行かないで」と言った子どもには、家に帰ったら十分甘えさせてあげてください。そうやって子どもは満たされていくのです。しっかり甘えて、しっかり満たされたら大丈夫。

お母さんは、心の迷いを捨て、自信をもって仕事をしてください。仕事をしていることが正しい正しくないではなく、自分が仕事を選んで精一杯やらせてもらうというぶれない気持ちがあれば大丈夫です。子どもはあなたの背中を見ていますから、お母さんの頑張りは、子どもにもちゃんと伝わりますよ。

コントロールできることと、できないことがあります。子どもが病気になるのは、コントロールできないこと。コントロールできることに意識を向けましょう。

仕事中に保育園や幼稚園から呼び出されて早退したり、急に休まなければならなくなったりしたこと、ありますよね。周りに頭を下げながらお迎えに行く、休むことを伝える電話で、一生懸命頭を下げることもあったでしょう。でも、人間ですから病気をするのは当然です。お母さんが一生懸命子どもの健康に気を使っていても、保育園や幼稚園に預けていたら、流行りの病気をもらってきたりもします。物事には、自分でコントロールできることと、できないことがあるという話は何度かしました。子どもが病気になるならないは、あなたがコントロールできないことです。一生懸命やっていても、風邪をひくときにはひくものです。

それでも、チームで仕事をしていれば自分の仕事が遅くなることでほかの人に迷惑をかけることもあるでしょうし、会議や約束が入っていれば、代わりに出てもらったり、日にちを変えてもらうこともあるかもしれません。ただ、これればかりはどうしようもないことです。子どもが原因で仕事に影響が出ることを常に心配して仕事をしているのであれば、厳しいことを言うようですが、仕事はやめたほうがいいかもしれません。いくら悩んでも子どもが病気にならないわけはないし、あなたが会社を休まなくなるわけでもありません。

悩んでいる時間があるなら、突然の早退や休みを見込んで仕事を調整したり、お願いできる環境作りをすべきです。コミュニケーションがうまく取れれば、仕事で迷惑をかけてしまった分、ありがとうという感謝の気持ちを言葉で伝えることもできますし、この間融通してもらったから、今度はあの人が困っているときに助けてあげようと、その人に意識がいくことでよりよい関わりができるようになります。これがあなたのコントロールできることなのです。コントロールできないことに苦しんで振り回されるよりも、コントロールできることは何かと考えたほうが、仕事はうまくいくはずです。

実は私、常に子どもは病気をしないものだと思っています。そう考えて仕事の予定を入れています。私の中の前提には、子どもが病気になって困ることはないのです。子どもは病気になるはずがないという気持ちで常にいる私が、この仕事を始めて6年。子どもが急に熱を出したり、病気になって困ったことというのは5、6日です。

「子どもは病気になる」という常におびえた心は取り払ってください。お母さんが、常に心のどこかにその不安を抱えていると、その現実を引き寄せます。コントロールできないことには振り回されないで、コントロールできることに意識を向けて行動してみましょう。

子どもの心を満たすのは、時間の長さではなく質が大事。どんなに仕事で忙しくても、3日に一度は心を満たしてあげましょう。

毎日毎日忙しくて、子どもにかまってあげられる時間がない、もっとかまってあげたいと思う人は多いでしょう。でも、仕事で疲れた日などは、子どもの相手よりもゆっくりしたいと思う気持ちがあることも事実です。

私は3日でリセットということを意識しています。子どもが満たされたい気持ちをその日は受け取ってあげられなくても、次の日がまたダメでも、3日目には子どもを満たしてあげる。だいたい3日でワンタームと考えています。満たされなかったら、次の日にリセット、もしくは翌々日までにはリセット。毎日でなくても、3日に一度きちんと心を満たしてあげる――。どこかで補うことができれば、問題ありません。毎日べったりすることが、子どもの気持ちを満たすことではありませんので、時間ではなく、どうやって満たすのかという質を大事にしていきましょう。

私は、土曜日仕事に行くことが多くあります。まだ子どもが小学校に入る前は「お母さん、行かないで」とよく泣かれました。「じゃあ、わかった。あなたを満たすために、お母さん今日仕事休むね」とは言えませんから、そこは泣かれてても叫ばれてもしょうがないから行く。でも、そうやって子どもがぐずった日は、帰ってきたらパソコンを立ち上げないようにしていました。立ち上げれば、「ちょっと待ってて、1件だけメールをさせて」っていうものが絶対出てくるからです。だから、絶対立ち上げない。これは、私の中のルールでした。パソコンでメールなどの整理をする代わりに、1、2時間、子どもが寝るまでの間一緒にいることに決めていました。

子どもを満たすということは、仕事に行かないことではありません。子どものほしいものを買ってあげるとか、行きたい場所に連れて行くなど、子どもの言いなりになることでもありません。子どもの寂しかった気持ちに気づいて、よしよしとしてあげることが、子どもの気持ちを満たすということです。

たとえ1分であっても、子どもの目を見て話を聞いてあげてください。何かしながらではいけません。泣いていたら、背中をさすったり抱きしめたりしてあげてください。スキンシップはとても大事です。短い時間であっても、満たされる子はきちんと満たされます。

子どもの気持ちを満たすというのは、どこまで満たされているかが目に見えないので難しいことですが、まずは子どもがどうやったら満たされるか、そこに意識を向けてみることが大切です。

3日というのは、あくまで私の感覚ですので、4日でも5日でもいいのです。ルールを自分に作って取り組んでみましょう。

仕事・家事・育児の「両立」というのは、うまくできた、できないではありません。今、精一杯やっている、そのこと自体が「両立」です。

仕事と家事の両立ができない、仕事と育児の両立ができないとみなさん言いますが、そもそも両立とはどういうことでしょう？　辞書によると、「二つの物事が同時に支障なく成り立つこと」（大辞泉より）とあり、例文には「仕事と家庭とを両立させる」とあります。では、どういう状態が、あなたにとっての両立ですか？　どんな状態をもって両立していると、はっきり言うことができますか？

家事も仕事も、「これでよかった」「完璧だった」と思うことはほとんどないはずです。きっとどんな状態でもまだまだだと感じ、課題を見つけてしまうでしょう。どんな状態が両立しているかよくわからないのに、みなさんは「両立ができない」「両立は難しい」とよく言います。この「両立」という言葉そのものに振り回されているのです。

私は最近、仕事でものすごく忙しい時期があって、過去6年でこんなに夕食がお弁当の時期はなかっただろう、という1週間がありました。私は料理が苦手です。基本的には、料理はあまり作りたいと思いません。料理は極めようと思えばいくらだってできるし、きりがないのですが、私は働いているので、苦手な料理に時間をかけて子どもをないがしろにするよりは、お弁当を買ってくるほうを選びます。「今日は2人でテレビを見ようね」と、料理を作る時間よりも、子どもと一緒にいる時間を選びます。

みなさんは、私が仕事と家事の両立ができていると思いますか？　人によっては手抜きだし、仕事と家事の両立はできていないと思うでしょう。

でも、私はこれでも十分やっていると思っています。両立しているか、していないかはわからないけれど……。

私はできる限り精一杯やっているし、きっとみなさんもそのとき、そのときで精一杯やっている。それが両立できているということです。うまくできているか、うまくできなかったかではなく、手抜きではなく、これが今の私の精一杯っていう気持ちが大事ではないかと思うのです。

どうか、「両立」という言葉に惑わされないでください。両立を目指せば苦しいだけです。今できることを十分やっているなら、それがあなたのちょうどいい量であり、両立しているということです。ときには、「まあこんなもんだ」と思ってみることも大事です。

自分のスタンスやポリシーをもっていますか？
自分軸をもって仕事を眺めてみると、
まだまだ手放せるものがあるかもしれません。

大手化粧品会社に勤めていて、２人の子どもをもつママ友達がいます。１人目の子どもの育児休暇を終え、仕事に復帰したあとに会ったときのこと。

「私は、残業は絶対しないって決めているの。一度したら『残業できるんだ』と思われて仕事が増えていくし。それに結局ね、残業できる人達ってダラダラ仕事しているものよ。時間があると思うから時間内に終わらないのだと思うの」

こう言っていました。もちろん、そうはいっても何度か残業をしたとは言っていましたが、彼女は基本的に「復帰１年目は絶対残業はしない」と決めているとのことでした。なんだかこうやって文字にしてしまうと、なんて傲慢《ごうまん》でえらぶった人だと思われるかもしれませんが、まったく違います。彼女はとても柔軟性があり、私が見ていても本当に人と関わるのが上手で、一緒にいてとても心地よい人です。残業をしないということを実践しても、周りにも協力してもらえ、ある意味許されてしまうというのは彼女の人徳だなと思うのです。

また、彼女は自分軸がしっかりしているので他人に振り回されません。残業をしなくても済むのは、余計なエネルギーを使わず、仕事の間はきちんと仕事に集中しているからこそできることです。

数年後、私も同じような体験をしました。息子を、1年半お世話になった保育園から幼稚園の年中へ入園させたときのことです。延長保育がある幼稚園で、4時半まで保育が可能でした。保育園は6時半まで預かってもらっていましたので、それでも2時間減ることになります。保育園時代は毎日ギリギリに迎えに行き、あわてて夕食を作って食べさせてという生活でした。2時間も仕事ができる時間が減ったら一体どうなるのだろう？

でも結果はまったく問題ありませんでした。保育園に預けていたときは、講座が終わってからもうひとつアポイントを入れてしまっていて、結果、毎日忙しくなっていたのです。仕事に使える時間は2時間減りましたが、本当に必要な仕事かどうか改めて見直すことができ、それ以降は本当に必要なアポイントだけを入れるようになりました。たとえば、講座の前の打ち合わせ。たいていはメールだけで済むことがほとんどなので、丁重にお断りするようにしています。結局、自分を忙しく苦しめていたのはほかならぬ自分だったのです。

こんなふうに無意識に自分で仕事を増やしてしまっていたり、必要以上に無理をして頑張ってしまうことは、実は、意外とあるものです。「ママイキ」で、この話をしたあと、実践した受講生からこんな感想が寄せられました。

「今までは、短時間勤務だったこともあって、担当している仕事は自分で完璧にしないとと思ったり、自分がいないと仕事が回らないことを自分の存在価値のように考えてしまい、仕事が大変になっても周りに説明しないで抱え込んでいました。でも、手放すことの大切さを知って、今ではどんな仕事も、いつでも誰かに引き継げることを意識して仕事しています。短時間勤務であることに勝手に負い目を感じ、自分が与えられた仕事を断れば、誰かが困るのではないか、周りにどう思われるか？　などと思っていたのですが、直接話をしてみると、上司や周りはとても理解してくれていることに気づくことができました」

日ごろのコミュニケーションを大事にするようになり、人間関係もラクになったとも話してくれました。

そうはいってもこの不況の時代に、人手も足りなくなりどうしても1人の負担が増えて、残業しないなんて言っていられないという人もいるでしょう。でも、もしあなたがいなくなっても、きっとそのポジションは誰かが埋めてくれます。どんなに〝惜しい〟と思われる人材でも、いなくなってしまえば会社はそれで回っていきます。そんなものです。

この本を手にしてくださった人は、基本的に一生懸命な人です。一生懸命頑張っているけれどうまくいかない……。何とかしようと、手にしてくださったのではないでしょうか。大丈夫、あなたが仕事を少し手放しても、頑張っていることに変わりありません。

だから、仕事に限らず自分のスタンスやポリシーをぜひ大事にしてください。自分の軸がしっかりしていることは、自分を守ることにつながります。あなた自身の代わりはいません。また、子どものお母さんの代わりもいません。

どうぞ無理しすぎず、自分を大事に。そして程良く手放し、仕事も子育ても楽しむあなたでいてほしいのです。

子どもがいても、犠牲になることばかりではありません。犠牲と感じたことと同じくらい得たものはある、そのことに気づいてください。

仕事をしている女性が妊娠すると、出産・子育てのために仕事を休んだり、場合によっては会社を辞めるという決断を迫られることがあります。しかし、男性はどうでしょう。妻が妊娠してもずっと働くことはできますし、子どもができたとしてもそれほど仕事に支障はきたしません。そういうこともあり、子どもは女性にしか産めないということがわかっていながらも、お母さんは子どものために犠牲になっているという思いをぬぐいきれないときがあります。

私は、以前勤めていた会社を結婚退職したあと、コーチングに出合いました。コーチングを学び資格を取り、再就職をしようと思っていた矢先の妊娠。子どもを授かったという嬉しさ反面、コーチとしての再就職の機会を失ってしまったという不安もありました。せっかくコーチになれたのに、妻や母だけになる怖さもありました。そこで私は、コーチという肩書をつけた自分の名刺を作って、友達に配ることにしたのです。コーチという肩書は、再就職のチャンスを失った私の最後の砦でした。

名刺を作って、近所のママ友達や公園で子どもどうしがよく遊ぶママ友達に配ったことからメールのやりとりが始まり、結果として私は人脈を広げることができました。そして、この人脈のおかげで、「ママイキ」をスタートさせることができたのです。お母さん向けのコーチングのパイオニアになることができました。

と言いつつも、私はお母さん向けのコーチングのパイオニアになろうと目指していたわけではありません。最初は、仕事をしている人たちに向けたビジネスコーチングをしたいと思っていましたから、ママ向けのコーチングを始めたときから、ビジネスと名のつくものを行っている人に対して、焦りも羨ましさもありました。

でも、今は年間約150本の講座のために全国を回り、本も出版することができました。自分の目指していたところとは違うスタートにはなり、出産や子育ての犠牲になったとも感じましたが、結果、思ってもいなかった大きなものを得ることができました。

子どもが第一優先ですから、何も犠牲にしないで子育てはできません。犠牲になることはたくさんあると思いますが、子どもを産んだから得られるものも絶対同じだけあるはずです。

どこに目を向けるか。子どもが生まれたから、子育てしかできないと思い何もしないのも、新しいママ友達を増やそうと名刺を作ってみようとするのも、自分次第です。

良いか悪いか、損か得かで物事を見ないで、今この環境を与えられたのなら、自分は何をしたらいいのか、何ができるのかを考えてみてください。

「ママイキ」受講生の声

義母のことを割り切れるようになりました

神奈川県横浜市　Hさん

うちの義母さんは、よく言えば自由人、言い換えれば言いたいことをはっきり言う自己中心的な人です。「ウサギの世話と、新聞と郵便物の取り込み、よろしくね」なんて言って、こちらの都合も聞かずに旅行に出かけてしまう。孫の出産予定日にも海外旅行に出かけるくらいです（笑）。頑固な部分もあり、私たちが何を言っても聞きません。その自己中心的な性格には不満を感じていました。

でも、「ママイキ」のあとは、義母のことを割り切れるようになりました。「こういう人もいるんだ。この人はこういう人なんだ。いくら言っても無駄！」と思うようになれたのです。何かあっても軽い気持ちでアドバイスする程度。考えてみれば、義母とは誕生日が一緒。実は私も頑固で自分で思ったことは貫き通す、行動を起こすタイプだったのです。私も、同じだなと最近つくづく思いました。

自分が変わることで夫も変わりました

東京都杉並区　Sさん

「ママイキ」受講前、私と夫は毎日夫婦喧嘩をしていました。話を聞いてもらえない、私も彼の話を聞く気力がない。そんなギスギスした状態では、離婚話も当然でした。

しかし、受講後は、私の心に余裕ができて、夫の話をたくさん聞くように努力したら、夫は少しずつ穏やかになりました。最近では私の話も聞いてくれるようになったのです。つい最近の彼の進化は、当たり散らす前に、自ら悩み事を打ち明けるようになったことです。夫を変えたいと思ったわけではなく、私自身が変化して、相手の気持ちに寄りそっただけで、とっても穏やかな時間が戻ってきたことが驚きですし、嬉しいです。離婚を考えていた夫婦とは思えない！　以前は、毎日の夫婦喧嘩に号泣して恐れおののいていた娘も、今は「お父さんとお母さんってホント仲いいよね～」と嬉しそうですよ～♪

限られた時間の大切さを実感しました

東京都杉並区　Aさん

「ママイキ」を受けるまで2年近く人間関係で悩んでいました。何をしても何を言っても文句が出てくる。やりたいことがあるのに、そちらの対応に時間とエネルギーを注いでしまう日々でした。

でも、「ママイキ」を受けて、まるっきり人間関係で悩まなくなりました。宇宙の法則、限られた時間の大切さ、限られた時間ゆえに自分のやりたいことに力を注ぐ大切さが自分の中にストンと落ちたからだと思います。結局は自分、ということを今は心の底から実感しています。「ママイキ」に出合えてよかったです。人生の大切な時間を無駄にせずにすみました。ひろっしゅコーチに感謝です。

まっさらな気持ちで人と向き合えました

神奈川県海老名市　Tさん

私は、いちばん下の子を産んだのが38歳。

ほかのママたちと一回り以上年齢差があることが多く、浮いている自分を感じ、孤立感を強めていました。

「ママイキ」を受講し、若いママも私も「ママであること」で一緒なんだということと、私よりずっと若いコーチが子育ての真髄を極めていることの驚きと感動がありました。

そのおかげで、中学校で引き受けた役員では、みんなと同じ目線で物事を見ること、憶測を排除すること、ムードメーカーとなって場を和ませることを心がけることができました。そうしたら、向こうから来てくれたんです、ママたちが！　まっさらな気持ちで誰とでも接すること、「変えられるのは自分と未来だけ」。自分が変われば相手も変わってくれることを実感できました。

「ママイキ」は日常生活の潤滑油

神奈川県鎌倉市　Yさん

「ママイキ」を受講し、自分の感情を伝えることの大切さや、コントロールできないことをコントロールしようとして苦しくなっていたことに気づくことができました。主人や義母に対して、お願いしちゃ悪いかなと思ったり、イヤな顔をされたくないと、言いづらいことはあまり口に出さなかったのですが、最近は少しずつ伝えられるようになってきました。

つい先日も、義母が鮮やかな色のシャツを出してきて「あなたこれ着る？」。どう考えても私の趣味の服ではありません。「いやぁ、その色はちょっと着ないですねぇ」とお断りしました。断ったから義母が怒ることはありません。私のタンスのスペースもシャツ1枚分増やすことなく安泰に過ごせる。日常のそんな些細なことでも、いや些細なことだからこそ、日々お互いに気持ち良く過ごすためにどうしたらいいのか、ちょっとしたヒントが必要なんだと思います。「ママイキ」は日常をうまく回してゆくための潤滑油のひとつなのではないでしょうか。

物事の両面を見られるようになりました

東京都府中市　Iさん

私は、いいママになろうとして、いい仕事ができる人になろうとして、うまくいかずに疲れ果てていました。そんなとき「ママイキ」を知って、本当にイキイキできるの？　と思いながらも、すがる思いで受講しました。

「宇宙の法則」の通り、いろんな人がいることをそのまま認める。「気にしているのは自分」だから、誠意をもって対応するという軸をもてば、人の意見やクレームを恐れることはない。「言っている言葉よりも、その奥にある感情に気づく」ということは、クレームを言う人は、頑張っていることを認めてほしいという気持ちが裏側にあったんだ、ということを知ってものすごくラクになりストレスが激減しました。仕事をしていると問題点ばかりに目を向けがちですが、各個人がその人なりに頑張っている、というういい点にも目を向けることができ、感謝の気持ちをもって仕事ができるようになりました。ひろっしゅコーチ、ありがとうございました！

あとがき

書店に行くと、本当にたくさんの本が並んでいます。そんな中から、この本を手にしてくださって本当にありがとうございます。

この本は、そんなみなさんの気持ちを少しでも軽くできたらという思いで書きました。この本を手にした方は、本当に一生懸命に、子育てに、家族に、仕事に向き合っている人なんだと思います。一生懸命だからこそ悩む。ですから「なるほどそうか!」と思ったものだけ、意識して実践してみてください。

最初にも書きましたが、この本はコーチングをベースにしていますが、あくまでも〝ひろっしゅ流〟です。この考え方や方法のすべてがみなさんにとって有効かどうかはわかりませんし、合わないものもあるでしょう。感覚に合うもの、取り入れやすいなと思うものだけをうまく役立てていってくださいね。ラクになろうとして手にしていただいたのに、かえってご自身を苦しくしてしまうのでは本末転倒です!

ですから、どうぞ完璧にやろうとしないでください。最初はうまくできないかもしれません。それは、141ページでもお話ししたように、私たちには自分の思考・行動・感情のパターンがあるからです。私たちは常に同じようなことで悩み、たいてい同じことでつまずいているはず。長年培ってきた自分のパターンは、そう簡単に変えられるものではありません。パターンを打破するには、うまくいかない自分のパターンと何度も向き合っていく必要があります。壁にぶつかりつまずきながら、繰り返し新しい考え方や行動を取り入れて、新しいパターンを構築していくのです。継続は力なり。ちょっと意識をしていけば、必ず自分の中に新しいパターンを作ることができます。粘り強く、細く長く続けていってほしいと思います。

これまでに、たくさんの方が「ママイキ」を受講してくださいました。その中で変化、成長をしていく人は、やはりあきらめずに実践していく人でした。イヤな人とは関係を断ち切ることができますが、自分とは一生付き合っていかなければなりません。自分から逃げることはできないのです。そして、自分を変えることができるのもやっぱり自分なのです。ご自身がラクにスッキリするためにこの本を活用してほしいと思います。

最後になりましたが、こうして私が3冊目の本を出せるのも本当に多くの方たちのおかげです。初めての講座を手伝ってくれたRチャン、Mチャン。初期のころのつたない講座にも参加してくださった受講生のみなさん。「ママイキ」に共感し主催をしてくださった主催者のみなさん。講座にいらしてくださった全国の「ママイキ」受講生。「ママイキ」を伝えようと頑張ってくれているママイキマスターのみなさん。本当にありがとうございます。とある講座に参加していた松浦さん。今回はライティングサポートをしてくださいました。

この本を仕上げるにあたり、家族にも多大なる協力をしてもらいました。

「本の原稿を書かないとだから、ちょっと待ってて～」とずいぶん待たせせっぱなしにしてしまった息子よ、ありがとう。

「本の原稿を書かないとだから、ご飯買ってきて～」と、家族のために遅くまで働く夫にも少々（ずいぶん？）我慢をしてもらいました。

いろいろな人達のおかげで、こうして私がいて、この本があるのだということに感謝して……。

２０１０年10月末日

ひろっしゅコーチ

著者紹介

山﨑洋実　Fine Coaching（ファインコーチング）主宰。Happy Mommy プロデューサー＆コーチ。
1971 年静岡県生まれ。旅行代理店、大手英会話学校勤務時代を通して接客＆人材育成の楽しさを知る。結婚退職後コーチングに出合い、これまでやってきたことがコーチングだったと知り体系的に学ぶ。2001 年（財）生涯学習開発財団認定コーチを取得後、妊娠、出産、3 年間の専業主婦生活を経て、身近なママ友達向けに「ママのイキイキ応援プログラム（通称・ママイキ）」をスタートしたのが 2004 年 1 月。2011 年で 7 年になる。
子育て期のお母さんの特徴に合わせ、豊富な事例を用いて体系的に伝える講座は、たくさんの笑いと涙と発見と衝撃がある。ママたちの間で「目からウロコが落ちる」「子育てが楽しくなる」「参加しただけで元気になれる」と評判になり、瞬く間に首都圏から関東、全国へと広がっていった。現在も、日本で唯一の“ママたちの元気と輝きを引き出すコーチング講師”として大活躍。「ひろっしゅコーチ」という愛称で慕われ、受講生は延べ 3 万 5000 人以上にのぼる。
〈ホームページ〉 http://www.fine-coaching.com/
〈ブログ〉 http://ameblo.jp/happpymommy-project/

ブログ QR コード

子育《こそだ》てに悩《なや》んでいるお母《かあ》さんのための心《こころ》のコーチング

2010年 12 月 5 日　第 1 刷

著　者　山《やま》 﨑《さき》 洋《ひろ》 実《み》

発行者　小澤源太郎

責任編集　株式会社 プライム涌光
電話　編集部　03(3203)2850

発行所　株式会社 青春出版社

東京都新宿区若松町 12 番 1 号 〒162-0056
振替番号　00190-7-98602
電話　営業部　03(3207)1916

印刷　図書印刷　　製本　大口製本

万一、落丁、乱丁がありました節は、お取りかえします

ISBN978-4-413-03782-2 C0037